2008年　横田さんご夫妻講演会後の交流会

めぐみさん
からの
メッセージ

お会いしたことのないめぐみさんへ　～あなたは忘れられていない～

はじめまして。まだお会いしたことはありませんね。私はあなたが日本を去ってから生まれました。だけど、色んな大人の友達にめぐみさん、あなたのことを沢山教えて頂いてきました。だから、私はあなたを少し知っているんです。測り知れないことではありますが、辛い気持ちお察しします。13歳。わずか13歳で父親、母親と離れる、見知らぬ人に異国の地に何も言われずに連れて行かれたのですね。どれ程恐ろしかったでしょう、どれ程声を出し叫んだでしょう。私が今まで体感したことはないのでしょう。それが長い生活の始まりなど考えましたか。それから30年以上日本の地を踏めないということを。

今の生活は厳しいですよね。メディアを通した情報、めぐみさんのご両親や先生方のお話しから、想像することしか私にはできません。そこから、"辛いのだろうな。""どう考え日々生活を送っているのだろうか"。と色々なことを頭に思い浮べるのです。考えることでさえ、私にとっては辛く、心が重くなることを痛感します。こんな私では堪えられない ことなのです。実際に今も過ごしているめぐみさんがいるのに、私は考える ことで精神的に一杯になってしまいます。私は何と弱いのでしょう。 強いられた環境でも今も生きているめぐみさんは、早く一早く日本 に帰ってきてもらいたいのです。私なんかより沢山、強くめぐみ さんの方が何十倍も何百倍も思ってらっしゃいますよね。知ってい ますか。めぐみさんのご両親は、めぐみさんがいなくなってから 37年間 ずっとあきらめるという事はせず、戦い訴え続けている のですよ。親の愛の力の強さを感じさせられます。私だけではあり ません。多くの日本の人々が心を動かされてきました。だから こそ若い世代の人達に伝えられているのですから。ですが政府 の動きというのは重いものです。悲しく腹立たしくも、前に中 進んでくれず…何とも腰が重い！横田さんご夫妻と多くの人々 が訴え続けています。あきらめてなど、忘れてなど いないのです。だから、どうかめぐみさんにも まだ希望を持ち続けていてほしいです。 長い間願っては諦め 願っては 涙を 流す、そんな繰り返してきた でしょう。 また、その思いを無くさずに生 き続けても らいたいのです。"いつになったら" そんな思いもすたれる程あるでしょう。何度も 考えてきたでしょう。"もう少し"ではうんざり されますよね。"期待させてどうせ"と思わ れそうです。待つことがあまりに長いですから… だから、めぐみさん生き続けてください。ご両親に 必ず会ってお話をしましょうよ。

私は、夕日が差し込みキラキラと光る海を書かさせていただきました。私はこの絵に、私の思いを全て込めさせていただきました。

私は、この拉致問題を通し、「家族と毎日当たり前のように過ごせるということは、とてもありがたく、幸せなことなのだと気付くことができました。それに気付くことができ、私は家族とすごす時間を何よりも大切にすることができています。私は今まで家族と一緒に過ごすことができる毎日は、当たり前のようにやって来るのだと感じていました。めぐみさんはあの日、拉致がなかったら家族に「ただいま」が言えたはずなのに、何十年も「ただいま」が言えず、今も解決していないことにとても悔しく思います。滋さんの最後の時間に、めぐみさんが居たのならどれほど幸せだっただろうと考えるとこの問題を一刻も早く拉致問題を解決しなくてはならないと感じました。私はこの絵に夕日は沈んでしまても、朝になると太陽がのぼり、また夕方になると夕日で辺りがきれいに染まります。日は沈んでもまた日はのぼる。という思いを込めました。一日でも早く、めぐみさんが家族のもとに帰れることを願っています。私にできることは少ないですが私が今できることをせいいっぱいして行きたいと思います。

願う めぐみさんの帰国

発行
立川市立
立川第七中学校
1年5組29番
張替 望恵

めぐみさんへ届け！！ ～想いを込めて～

めぐみさんお元気ですか？

今、何を思って過ごしていらっしゃいますか。

今、日本ではめぐみさんのお父さんお母さんが身をけずる思いで一生懸命にめぐみさんを探しています。お父さんお母さんはめぐみさんが帰ってくることを信じて探しています。


必ず、めぐみさんが帰ってくること、会えることを願っています。だから、めぐみさんも諦めず、お父さんとお母さんに会える強い気持ちを持ち続けて下さい。

めぐみさんが帰ってきた時には今まで失ってしまっていた家族との幸せな時間を取り戻して下さい。そして、家族がいること。みんなが待っていることを忘れないで下さい。

私は何もしてあげられることはできませんが、めぐみさんが帰ってこれることを信じて伝えていきたいです。

私が今心に決めていること

私は今、部活と勉強を頑張ってます。

部活では卓球部に所属し、「礼義」と「感謝の心」を教わりました。

また、試合に勝つために毎日練習をしています。

勉強では、苦てな理科や社会を得意教科にするために、勉強しています。

部活と勉強を両立させ、一生懸命頑張ります。

私達は一緒に信じてます！

こんにちは。めぐみさんが拉致されて長い月日が経ちました。拉致被害者の方々、横田さんご夫妻の活動やめぐみさんへの強い気持ちや思いは必ずめぐみさんに届いています。突然めぐみさんがいなくなってしまったことを考えると心がはちきれそうです。遠くに離れていても家族や心は一つです。

めぐみさんが帰ってくる日まで2人で元気に笑顔でめぐみさんを迎えられるようにお体に気をつけて下さい。絶対に諦めないで下さい。めぐみさんが一日でも早く帰ってきてくれることを願っています。

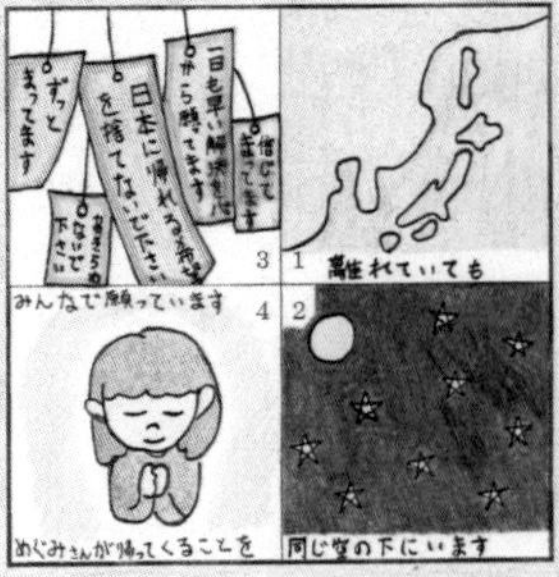

あとがき

この新聞が北朝鮮にいるめぐみさんに読んでもらえるかもしれないという思いで書きました。特に4コマまんがとトップ記事はめぐみさんに思いをはせて書きました。

年　月　日

幸

特別号

今、この一瞬一瞬を

みなさんは、今、この一瞬一瞬に意味をもって1日1日を過ごすことができていますか?人生というのは、本当に何が起こるかわからないものです。拉致された当時の私もまさか拉致されるなんて思ってもいませんでした。だからみなさんには、今のこの一瞬一瞬を大事にしてほしいです。

めぐみさんの笑顔

めぐみさん。きっと今もつらい状況の中にいて寂しいという思いがあると思います。ですが、その「寂しい」というマイナスな感情以上に「絶体に日本に帰れる!」という希望をもち続けていってください。私たちはめぐみさんをずっと信じます。だから、めぐみさんも私たちを信じていてください。こんなまだ中学生でちっぽけな私たちでできることは小さなことかもしれません。ですが、小さな力も重ねていくうち大きな力となるはずです。

発行
立川市立
立川第七中学校
1年2組28番
増田まい

私たちが絶体に、めぐみさんを日本にかえします。だからめぐみさんは日本に帰国したら誰よりも輝く笑顔で早紀江さん・天国にいる滋さん・拓也さん・哲也さんを抱きしめてあげてください。めぐみさんという一人の命が日本に帰ってきた時、どれだけの人が笑顔になるでしょう。

暗闇の向こう側はいつも希望

めぐみさんは今この瞬間も早紀江さん・滋さん・拓也さん・哲也さんのことを思い続けています。「日本に帰りたい」。「家族に会いたい」という強い気持ちをもち続けています。めぐみさんは、決してあきらめてな人かありません。

幸

めぐみさんが苦しんだ分、必ず大きな幸せがおとずれるから。

あとがき

だから私たちもめぐみさんを信じましょう。暗闇の向こう側にはいつも希望があります。

令和2年　11月　30日　　　　特別号

大空へ

発行
立川市立
立川第七中学校
2年4組7番
大野蕗音

めぐみさんは1人じゃない！

めぐみさんは今、どんな思いで北朝鮮の空を見ていますか？やりたいことが沢山あって新しい世界に胸をふくらませていたのに、とつぜんその幸せをうばわれ、悲しみや苦しみでいっぱいだと思います。でも、めぐみさんは一人ではありません。めぐみさんとめぐみさんのご家族の思いはいつもめぐみさんのそばにいます。

必ずどこかで、めぐみさんのご家族とめぐみさんはつながっています。それが、めぐみさんの存在なのです。いつも、めぐみさんの心の中にめぐみさんのことを思うご家族がいます。そして、めぐみさんと私たちの思いもつながっていると私は信じています。私達は、絶対にめぐみさんの思いを無駄にしません。めぐみさんが日本に帰国できるその日まで、本当の幸せをつかめるその日まで私達はめぐみさんを信じ、動き続けます！めぐみさんは一人ではありません。

あきらめない。私は。

私は、43年間ずっと家族のことを思い続けてきました。日本の土をこの足で踏むことができると信じて。家族と抱きあいたくて「ありがとう」と伝えたくてずっとずっと助けを待っています。私は、絶対に私をあきらめません。

めぐみさんの帰国信じて。

私は、拓也さんの講演会を聞かせていただき、今目の前に家族がいることが本当に幸せなことだと気づきました。めぐみさんはご家族のみなさまにとってひまわりのような存在だったという話を聞き、胸が苦しくなりました。私も大好きな家族がいて、私の家と何も変わらなくて。もしも自分の家族が…？と考えた時辛くてたまりませんでした。目の前に家族が居て思いを伝えられるということに感謝しなくてはいけないと強く思いました。めぐみさんが一日でも早く本当の幸せをつかめるように。私も絶対にあきらめません！

信じて
～信じる力は奇跡を呼ぶ～

発行
立川市立
立川第七中学校
2年4組28番
二瓶　梨乃

日本のみなさんへ

日本のみなさん、こんにちは。私は今、北朝鮮にいます。いきなり家族と引き離されて、ここに連れてこられました。みなさんは、「当たり前の毎日」を大切にしてください。いっしょにいる人に感謝して生きてください。私は、必ず日本に帰ります。だから、絶対に私のことを忘れないで。「ただいま」と言わせて……。

めぐみさんへ

めぐみさん、こんにちは。めぐみさんが拉致されてしまってから四十三年が経ってしまいました。今、私は十四歳です。私が拉致問題について知ったのは、十三歳のとき、つまり、めぐみさんが拉致された当時と同じ年齢です。日本には、こんなにも恐ろしい問題があるのだと恐怖を感じました。何より、一人の人間の人生を一瞬にして奪ってしまった拉致を、家族を悲しみのどん底につき落とした拉致を決して許してはいけないという強い思いがこみ上げてきました。今、めぐみさんのご家族は、めぐみさんのことを一刻でも早く助けようと、活動を続けています。日本では本当にたくさんの人が、めぐみさんの帰国を信じ、願っています。誰も、めぐみさんのことを忘れたりしません。心がつながっていれば、いつかきっと日本への橋もかかります。いきなり知らない人におさえつけられて、知らない土地で暮らすことになって、家族とも会えず、きっと、今までずっと、つらい日々を過ごしてきたのだと思います。めぐみさんは強いです。たった一人で、今までの日々を耐えてきたんですよね。私だったら、生きる希望をなくして、「死にたい」とまで思ってしまうかもしれません。めぐみさんは、私に大切なことを教えてくれました。それは、「日常が一番幸せ」だということです。当たり前のように学校に通えるのも、家族と過ごせるのも、本当に幸せなことなのだと気づかされました。この「幸せ」に感謝して、これから先を生きていきます。

横田さんご家族へ

早紀江さん、拓也さん、哲也さん、こんにちは。私は今、めぐみさんが拉致された当時と同じ中学生です。家族が突然いなくなってしまったらと考えると、とてもつらいです。こうして想像するだけでもつらいのに、本当に起きたことなのだと思うと、どれだけひどい問題なのかが分かります。私は一人の少女の未来を奪った拉致を許しません。同じ日本国民として、自分の問題として考えたいと思っています。そして今、私にできることは、まわりの人に広めていくことなので、ほんの少しだけでも解決の手助けができるように呼びかけていきたいです。滋さんが、めぐみさんに会えずに亡くなったこと、本当に無念だったのだろうと思います。その思いを、私たちが受け継ぎ、拉致被害者の方々の帰国を実現できるようにしたいです。

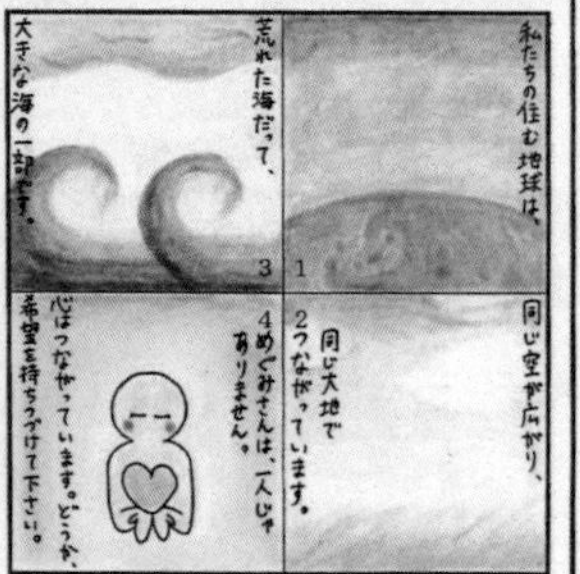

あとがき

こんな思いを込めました。
↓
『めぐみさんが見ている景色は、世界中とつながっている。めぐみさんは一人じゃない。』

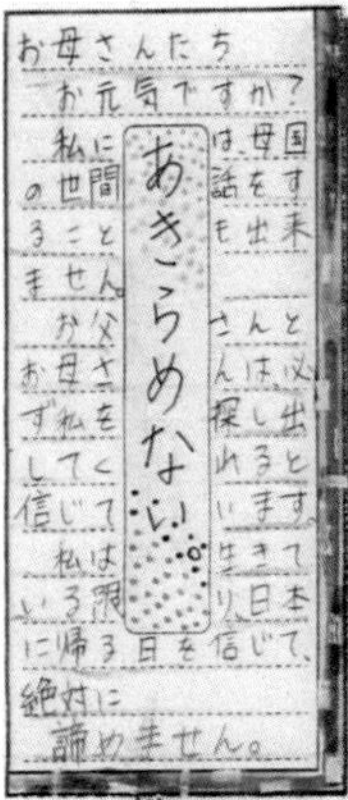
お母さんたち
お元気ですか？
私には母国の世間話をすることも出来ません。
お父さんとお母さんは必ず私を探し出してくれると信じています。
私は生きている限り日本に帰る日を信じて、
絶対に
諦めません。
あきらめないで

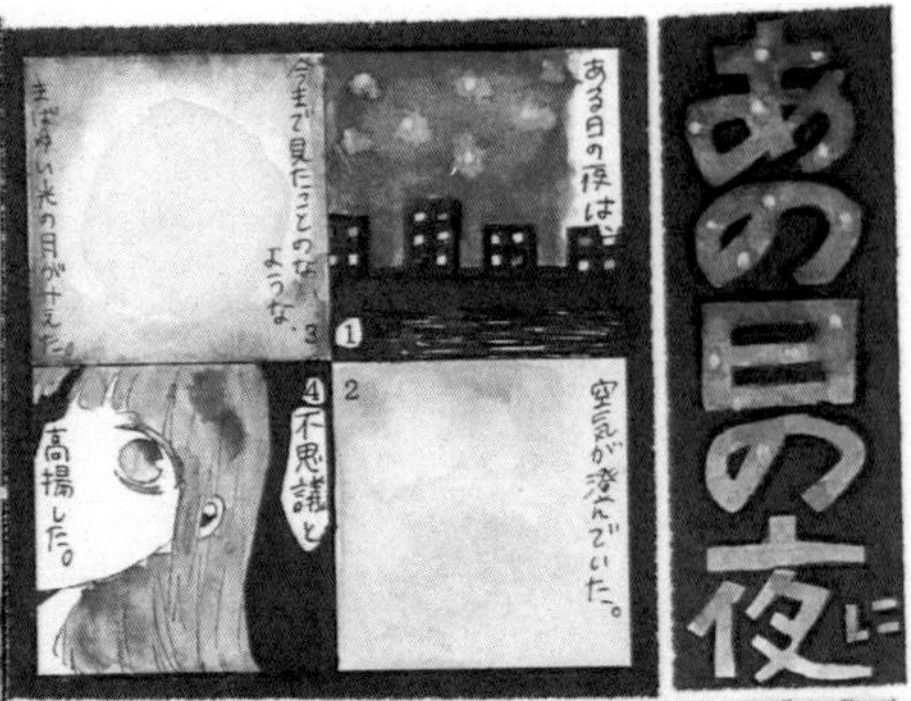
あの日の夜に
ある日の夜は、
空気が澄んでいた。
今まで見たことのないような、
まばゆい光の月が見えた。
不思議と
高揚した。

「めぐみさんへ」
「私達は、めぐみさんの
帰りを待っています」
「だから」
「笑顔で日本に
帰ってきてください」

誰かを
愛したとき
めぐみさんに

私たちはめぐみさんが…
ただいま！
と元気よく帰えってくるのを…
待っています

もし拉致問題を広める活動があったら…？
ありがとうございます
もらっていってみようかな…
そう言う事か！
～どんどん広まっていくといいですね～

中学生のみなさんへ

横田めぐみ

私は、今から何年も前に、北朝鮮に拉致されました。
中学生でした。私は何故に
その時間間 ここに連れられました
怖くて怖くて 仕方なかった。
ずっと助けを 求めていました
中学生のみな さんに伝えた
いことがあ ります。
私は、今でも 両親に、
「ただいま」を 言えていません
未だに。 本当は言い
たくて言いた くて仕方ないの
貴方は毎日言 ってる?
「ただいま」を大切にして下さい。
私は必ず生きて日本へ帰ります。
どうか信じて待っていて下さい。

ねがい～WISH～

こんにちは。はじめまして。

めぐみさんが北朝鮮に拉致されてから、
幾年もの月日が経ちました。

めぐみさんは、私たちと同じ空の下で、
同じ空を見上げていると信じています。

あなたが、この日本の地を目にし、踏みしめる日がくることが、多くの人の願いであることを知っていますか?

みんなが待っています。

あなたが無事に帰ってきてくれることを。


「ただいま」が聞けることを。

笑顔をみせてくれることを。


みんなの願いは、青いリボンを胸に、日本に、めぐみさんが帰ってくること。それだけなのです。

めぐみさん。諦めないで下さい。

今まで苦労をし、大変な思いをしてきたあなたには、これからたくさんのHAPPYが待っています。

「頑張れとはいいません。立ち止まってもいいんです。

だけど、どうか、諦めずに生きて下さい。

『forget-me-not』～わすれなぐさ～

発行
立川市立
立川第七中学校
1年3組40番
高木久瑠実

横田滋さん、早紀江さん こんにちは。
「拉致問題」について、私はあいまいにしか知りませんでした。でも、くわしく知ることにより、少し怖くなりました。
くわしく知っても、現実味がなくて。でも実際に起こったことであるのは事実で。
実際にこんなひどいことが起きたという事実が怖いです。

行動に移す

でも、事実から、怖いからといって目を背けていてはいけないと思います。

めぐみさんやその他の拉致されまだ帰国できていない方たちにできることは何だろう考えてみました。私にできることは、本当にささいなことです。でもささいなことが集まれば、大きなことになります。もしかしたら解決の糸口になるかもしれない。そう思います。だから、私はどんなささいな事でも行動にうつしたほうがいいと思うので、どんどん行動に移していこうと思います。

私はめぐみさんを
「forget-me-not」と表します。
わすれな草のことです。花言葉は
「私はあなたを忘れない」
私自身めぐみさんにこの花を贈りたいし、めぐみさんも、大切なご両親、友達などを忘れられたことはないんじゃないか、と思ったからです。

めぐみさんが、必ず、日本に帰国できることを、その他の拉致された方々も日本に帰国できることを、信じています。

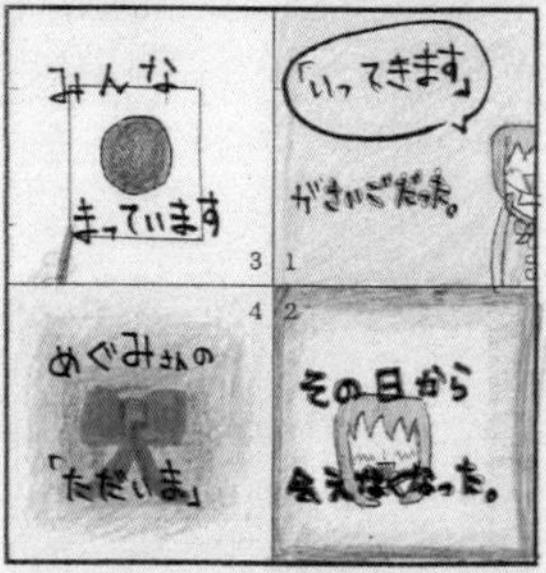

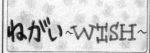

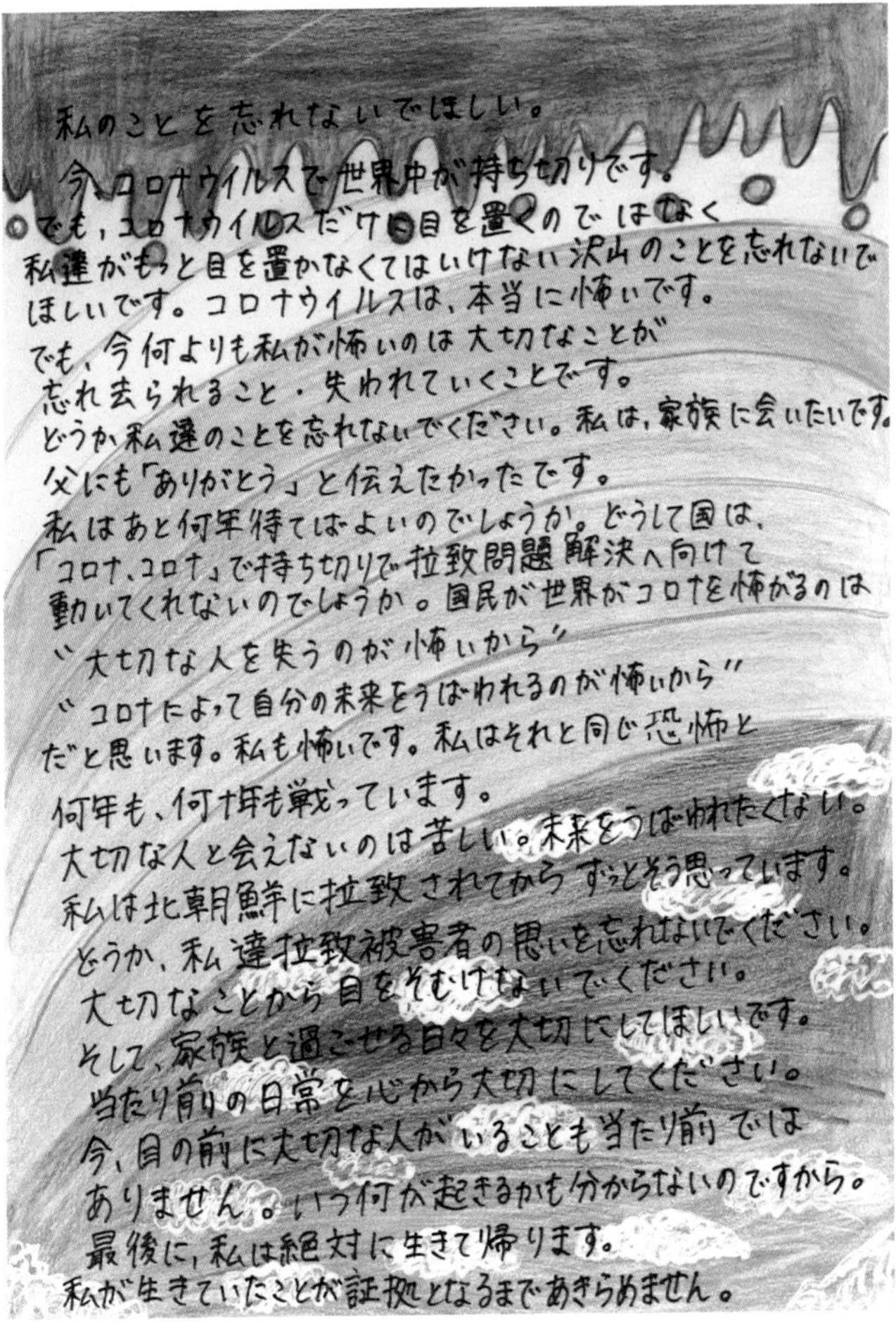
私のことを忘れないでほしい。
今、コロナウイルスで世界中が持ち切りです。
でも、コロナウイルスだけに目を置くのではなく
私達がもっと目を置かなくてはいけない沢山のことを忘れないで
ほしいです。コロナウイルスは、本当に怖いです。
でも、今何よりも私が怖いのは大切なことが
忘れ去られること・失われていくことです。
どうか私達のことを忘れないでください。私は、家族に会いたいです。
父にも「ありがとう」と伝えたかったです。
私はあと何年待てばよいのでしょうか。どうして国は、
「コロナ、コロナ」で持ち切りで拉致問題解決へ向けて
動いてくれないのでしょうか。国民が世界がコロナを怖がるのは
"大切な人を失うのが怖いから"
"コロナによって自分の未来をうばわれるのが怖いから"
だと思います。私も怖いです。私はそれと同じ恐怖と
何年も、何十年も戦っています。
大切な人と会えないのは苦しい。未来をうばわれたくない。
私は北朝鮮に拉致されてからずっとそう思っています。
どうか、私達拉致被害者の思いを忘れないでください。
大切なことから目をそむけないでください。
そして、家族と過ごせる日々を大切にしてほしいです。
当たり前の日常を心から大切にしてください。
今、目の前に大切な人がいることも当たり前では
ありません。いつ何が起きるかも分からないのですから。
最後に、私は絶対に生きて帰ります。
私が生きていたことが証拠となるまであきらめません。

視野を広げて

日本には、私と同じ
ように北朝鮮に
拉致された人が沢山
います。その
人達のことを
決して忘れ
ないで下さい。
傍観者にならなくて
なって下さい。
自分のこと
だけでなく、
もっと視野を
広げて世界の
問題を見て下さい。
そうすれば、きっと幸せが
広がっていきます。

私を信じて待っててね

みんな、40年以上の間
私を信じてくれてありが
とう。私は元気
に暮らしているよ。
きっとみんなは私
のためにずっと活
動していってくれたん
だよね。本当にあり
がとう。私は日本に
帰ったらまた、みんな
と、前みたいに、お話
しがしたいな。私
はきっと帰ってくるから
信じ続けて待っていてね。
ただいまって明るい声で言うから
おかえりってほほえんでね。

幸せの尊さ

家族と暮らせること、
学校に行けること、
友達と喧嘩するこ
と。それら
全部、幸せ
なんだって気付
いてますか?
普段お世話
になっている方、
誰にだって
いると思いま
す。小さなこと
でも、お礼、
謝罪、どんど
ん口に出していきましょう。
温かい気持ちになりますよ。

忘れないで

Japan

日本は民主主義で
[illegible]
[illegible]
絶ちません。そんな
世界がめぐみさんの夢
[illegible]

日本へ届け

日本で私をまっていて
くれるみなさんへ。私は
今、とても大変
で辛い思いを
していま す。しか
し、私はみなさ
んのことを信じ
私は無事にか
えってきます。そ
れをまっていて
下さい。今、楽く
ても幸せはくる
と思います。頑張っ
てくれる親にも笑顔を見
せたいし、私も笑顔が
見たいので必ずかえります。

未来を担う君たちへ

私はある国によって未来を閉
ざされました。どんなにもがき
苦しんでも明るい未来
は戻ってきませんでした。
けど、あなたたちは、家
でご飯を食べて、
学校で友達とあって
部活をして、毎日
を当たり
前だと思っているでしょう。
けど、その当たり前を
武器にできるのはこ
の瞬間だけです。
自分から命を絶つくらいなら
明るい未来を切り開いてくださ
い。それが私の願いです。

お父さん お母さん
お父さん、お母さん何年もまたせて、迷惑かけてごめんなさい。でも、私は絶対に日本に帰って、
会いに行くよ。今まで44年間お父さん
くれた分、今度は私がお父さん、
の日までまっててね。私は、拉
すまだったけれど、どんな時
れるお父さん、お母さんが
だけで私は心強かった
そして何より私を産んで
お父さんとお母さんほど
る人はいないし、お父さんと
によかったって思うよ。いつか、
にたくさんの思い出をつくろうね。
お母さんの温かいごはんを
写真をとってくれてたね。
ったけれど、今想えば、
時、少しでも時間があれば
って後悔することもたく
ことがあって今がある。
私がお父さんとお母さん
友達と家族と楽しい毎日を送っていたのは全部全部おかげだね。
お母さんが私のために必死にがんばって
お母さんを笑顔にするんだから。
致されて何年も日本に
も、諦めないで動き続けてく
いつも心の底にいてくれる
よ。ありがとう。
くれてありがとう。
こまで私のことを想ってくれ
母さんが私の親で本当
ったら、会いに行ったら、一緒
あの日の夜、食べられなかった
食べたいな。お父さんがよく
あの頃は、少し恥ずかしか
それも思い出だね。あの
て帰っておけばよかったとか
さんあるし、そういう一つ一つの
だけど、そうやって考えると
の子供になれたことも、
ありがとう。
めぐみより

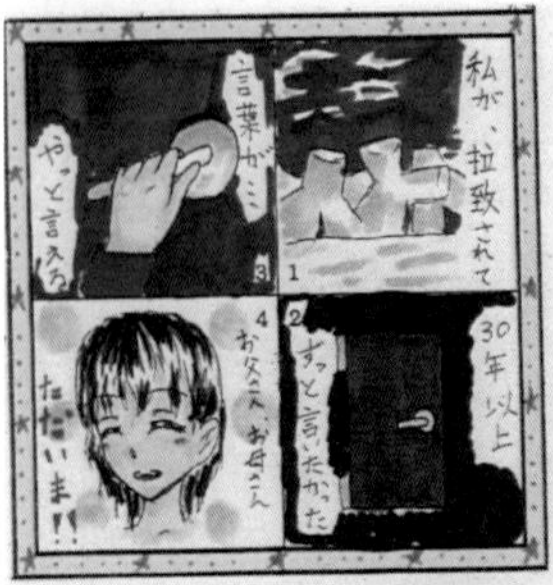
私が、拉致されて
30年以上
ずっと言いたかった
言葉が…
やっと言える
お父さん、お母さん
ただいま!!

めぐみが帰ってくると
信じてる。
ぼくも…。
わたしも…。
わたしたちも…。

ブルーリボンを
知っていますか?
北朝鮮と日本を
結ぶ、
日本海の「海」と…
被害者と家族を結ぶ、
青い空をイメージしたもの
いつか
ブルーリボンが日本と北朝鮮を結んでくれますように

早紀江さんは訴え続けていく。
親の愛ってすごい。
私もちゃんと生きていかねば。
成長してもめぐみさんを絶対忘れない。

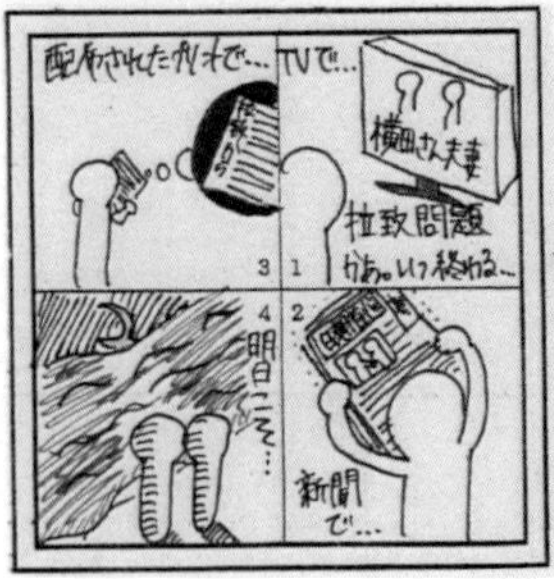
TVで…
横田さん夫妻
拉致問題
いつ終わる…
新聞で…
配布された資料で…
明日こそ…

いつも側にいる
その「命」が
いつ消えてしまう
のか、わからない
だから…
その命を
大切にして
忘れないで…

お母さん、お父さんへ。
お母さん、お父さん、44年間またせてごめん
なさい。私は今年こそ帰りたいと毎年思って
ます。そして家族みんなで出かけたりと思い出
をつくる夢をいつも見ます…。
あの日の夜、2人でひっしにさがしてくれたんだよ
ね。本当にありがとうございました
あと、お父さん。会いに行けなく
ごめんなさい。会いたかった、
日本で生活していた間、育ててくれ
ございました。私はお父さんのことが大好きで
す。絶対に忘れません。
本当にありがとうございました。
て本当に
お父さんに…。
てありがとう
私はただ思います。時間をずらしてかえってくれ
ばよかったなと…。でも時間をずらしてたらきっと
私以外の他の人が拉致されたんだろうなとも思
います。拉致されたとき本当に本当にこわかった
です。
本当に本当に…。
今でもその時のことを
おぼえているし、思い
だすたびにふるえてしま
います。拉致された人は私
以外にたくさんいると思います。
中には日本にもどった人もいると
思います。それを思うとすこし安心する
しくるしいです…。つらいです…。
日本のみなさん、拉致問題をしってください。
わすれないでください。目をそむけないで
ください。おねがいします…。
他にもたくさん書きたいことはあるけど、
入りきらなくなっちゃうので…また書きます…。
書けたら…。
たくさん書いてたくさん消したのは内しょにしてお
いてください。
家族のみんな、大好きです。日本のこども大好き
です。
めぐみより。

辛くても
遠くにいても
必ず来る
未来を
信じて

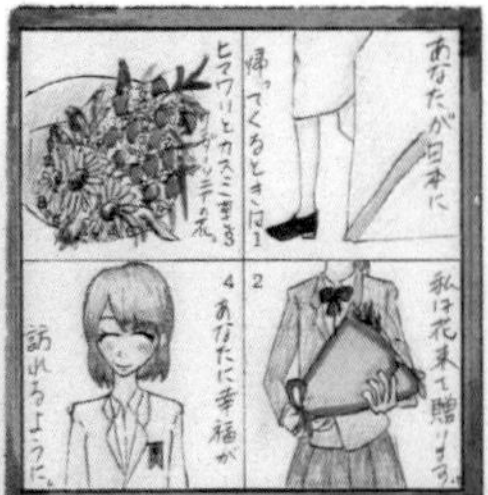
あなたが日本に
帰ってくるときは
私は花束で贈ります。
ヒマワリとカスミ草を
あなたに幸福が
訪れるように。

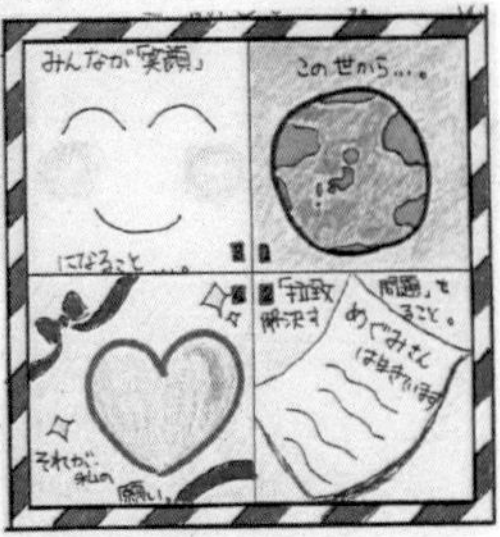
この世から…。
「拉致問題」を
解決すること。
めぐみさん
は生きています
みんなが「笑顔」
になること…。
それが私の願い。

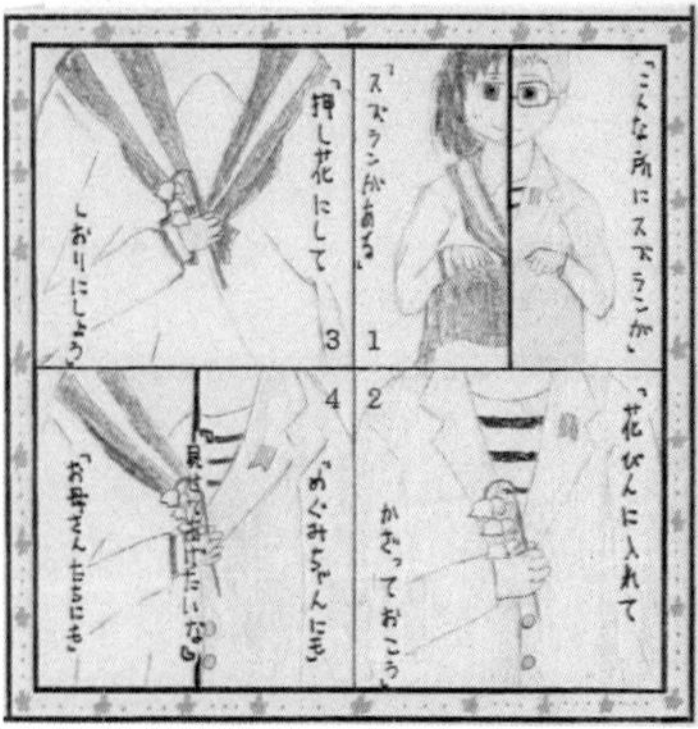
「こんな所にスズランが」
「スズランがある」
「花びんに入れて
かざっておこう」
「押し花にして
しおりにしよう」
「めぐみちゃんにも
見せてあげたいな」
「お母さんにも」

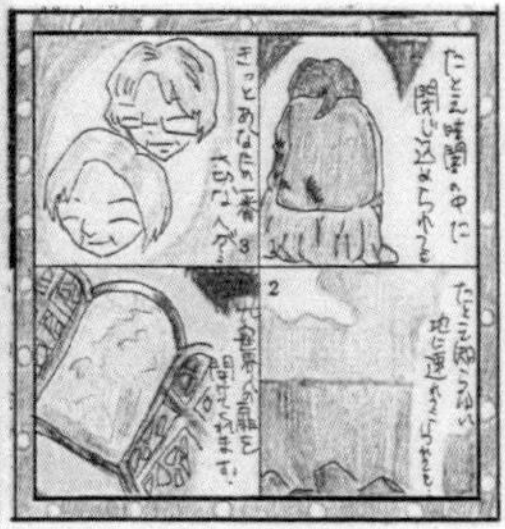
たとえ時間の中に
閉じ込められても
たとえ知らない
地に連れさられても
きっとあなたの一番
大切な人が
世界への扉を
開けてくれます！

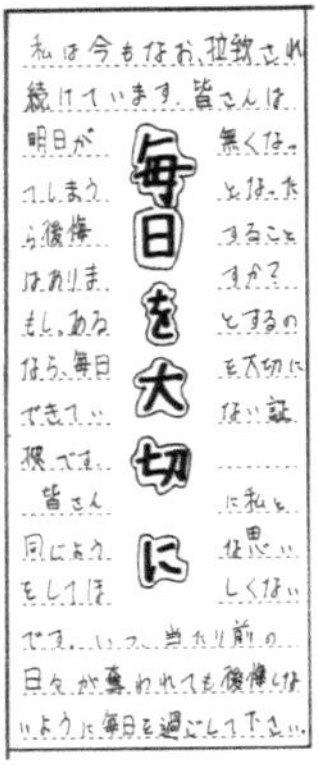
毎日を大切に
私は今もなお、拉致され続けています。皆さんは明日が無くなってしまうとなったら後悔することはありますか？もし、あるとするのなら、毎日を大切にできていない証拠です。皆さんに私と同じような思いをしてほしくないです。いつ、当たり前の日々が奪われても後悔しないように毎日を過ごして下さい。

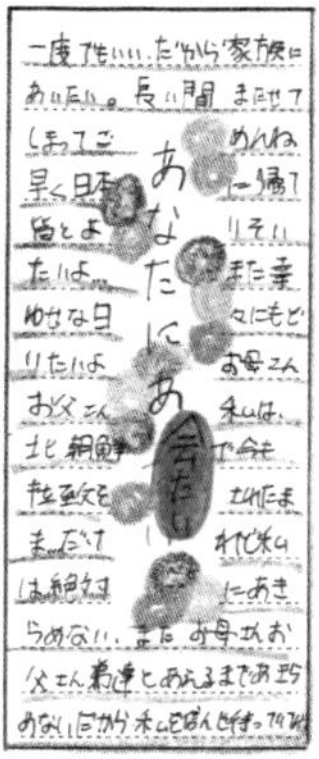
あなたに会いたい
一度でもいい。だから家族にあいたい。長い間またせてしまってごめんね。早く日本に帰って皆とよりそいたいよ。また幸せな日々にもどりたいよ。お父さんお母さん私は、北朝鮮で今も拉致されたままだけど、それだけは絶対にあきらめない。またお母さんお父さん弟達とあえるまであきらめないから私をずっと待ってて

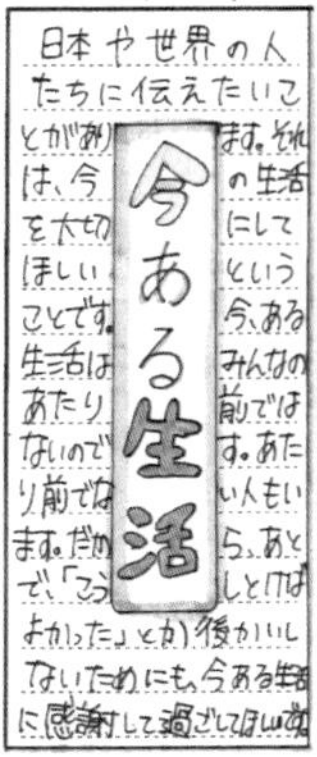
今ある生活
日本や世界の人たちに伝えたいことがあります。それは、今の生活を大切にしてほしいということです。今、ある生活はみんなの前ではあたりないのです。あたり前でない人もいます。だから、あとで、「こうしとけばよかった」とか後かいしないためにも、今ある生活に感謝して過ごしてほしいです

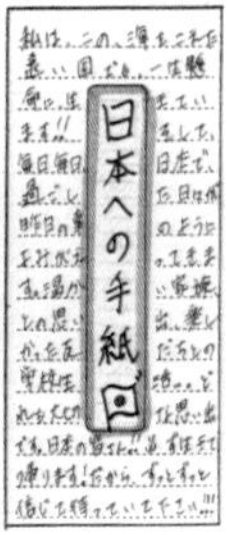
日本への手紙
だから、ずっとずっと信じて待っていて下さい!!!

もう少し、時間をズラしていたら私も普通に過ごせてたのにね。でもね、後悔はしていないよ。だって他の子が代わりに拉致されていないんだもん。あともう一つは、横田めぐみとして生まれてきたことだよ。私は横田めぐみとして生まれたからまだ頑張ろうと思えるんだ。

親孝行できなくてごめんなさい。
心配かけてごめんなさい。
まだ生きるから今までのごめんなさいを許して下さい。
また、家族で食卓に並ぶ日が来ることを信じ続けます。

横田めぐみ

これを読んで下さるあなたへ
日本に帰って家族に会える日が来ることを。

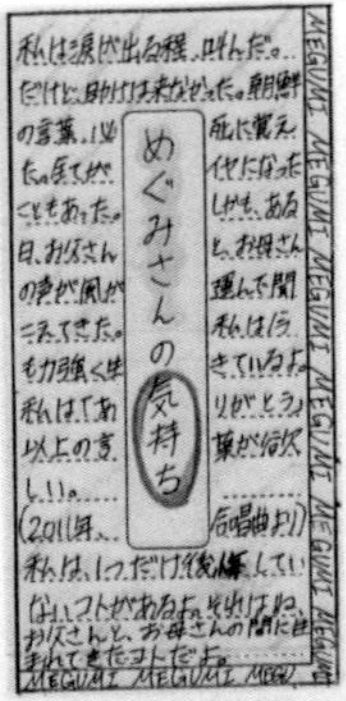
めぐみさんの気持ち
私は涙が出る程、叫んだ。
だけど、助けは来なかった。朝鮮
の言葉、1ヶ所に覚え
た。辛くてイヤになった
こともあった。しかも、ある
日、お父さんと、お母さん
の声が風が運んで聞
こえてきた。私は今
も力強く生きているよ。
私は「ありがとう」
以上の言葉が出な
い!!。
(2011年…合唱曲より)
私は、1つだけ後悔してい
ないコトがあるよ。それはね、
お父さんと、お母さんの間に生
まれてきたコトだよ。
MEGUMI MEGUMI MEGUMI

あきらめない!私は
私はここにいます。
ここで生きています。
きっと、お母さん
お父さん
に探してくれている
と思います。全国民
の人に拉致のこと
も改めて考えてほ
しい。私は日本に
帰ること、家族と
また楽しく話す
ことをあきらめな
いで良い
事も信じています。私は
絶対に帰ってくるので生存
を祈っていて下さい。

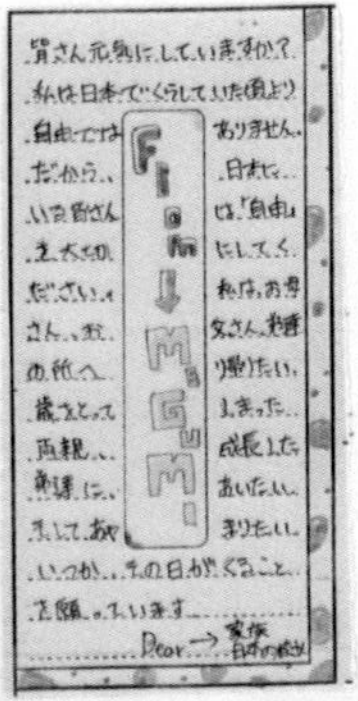
From MEGUMI
皆さん元気にしていますか?
私は日本でくらしていた頃より
自由ではありません。
だから、日本に
いる皆さんは「自由」
を大切にしてく
ださい。私は、お母
さん、お父さん、弟達
の所へ帰りたい。
歳をとってしまった
両親、成長した
弟達に会いたい。
そしてあやまりたい。
いつか…その日がくること
を願っています
Dear→家族 日本の皆さん

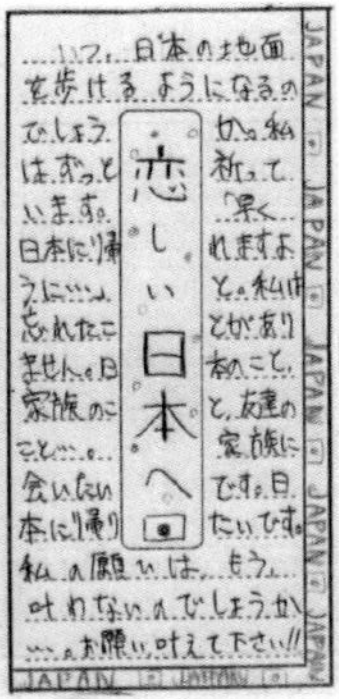
恋しい日本へ
いつ…日本の地面
を歩けるようになるの
でしょうか。私
はずっと祈って
います。「早く
日本に帰れますよ
うに…」と。私は
忘れたことがあり
ません。日本のこと、
家族のこと、友達の
こと…。家族に
会いたいです。日
本に帰りたいです。
私の願いは、もう
叶わないのでしょうか
……お願い叶えて下さい!!
JAPAN JAPAN JAPAN

1 この国には…
2 めぐみさんの帰国を待つ人が…
めぐみさん
帰国!!!
3 たくさんいます!!!!!
4 私達はめぐみさんがいち早く帰国出来る事を願っています。

1 Let's sing a song
Wipe your tears
2 and people
Let's singalong
3 Let's Sing a Song!
wipe your tears
4 Put your
hands up!!

1 笑顔で「いってきます」と言った。
2 次に言う言葉は決めてあるよ。
3 「ただいま」そして、
4 「ありがとう」

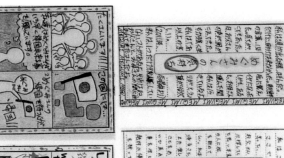

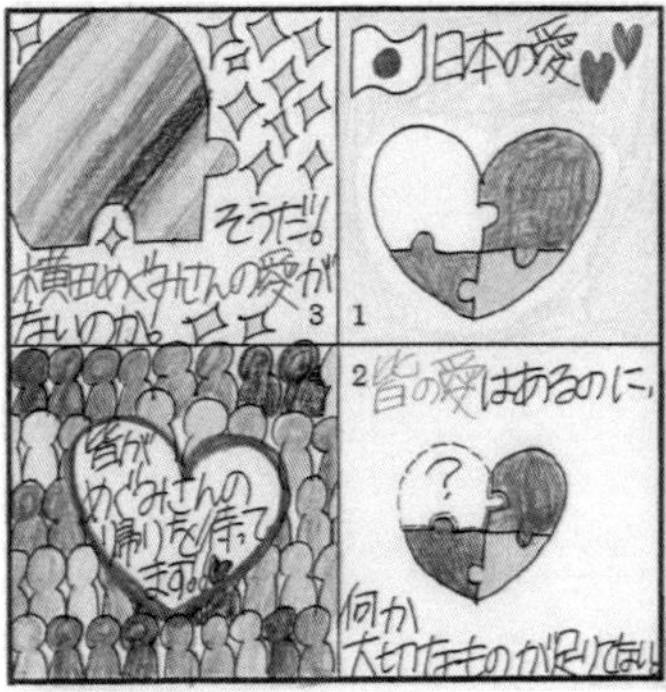
日本の愛
皆の愛はあるのに、
何か大切なものが足りない
そうだ!!
横田めぐみさんの愛がないのか。
皆がめぐみさんの帰りを待ってます。

しげるさん
さきえさん
めぐみさん
つながっている

いつまでも

例えどんなに遠くても…
1人じゃない
だから、諦めないで
みんなを信じて

あなたの時は13歳で止まったまま
あなたの両親の
時もあの時のまま
でも泣かないで
みんな
あなたが笑顔で帰ってきてほしいから

古賀稔彦（世田谷学園時代の教え子）の講演会に、日本中体連卓球部長として参加した際、突然指名を受け久しぶりの再会を喜び記念に…

拉致問題や命の授業に極めて熱心に取り組む生徒、保護者一同

文芸社セレクション

横田めぐみさんから届いた「命の手紙」

佐藤　佐知典

SATO Sachinori

文芸社

横田早紀江さんからの手紙　佐藤佐知典先生のご本の刊行に際して

私の娘、めぐみが北朝鮮に拉致されてから45年が経とうとしています。

その間、私は夫や家族、支援して下さる方々と共に、拉致の事実を世間一般の人に知らせるために何度も街頭に立ち、講演を開き、政府に拉致問題を解決するよう、かの国に働きかけるよう、お願いを繰り返してきました。

しかしながら、20年前に5人の拉致被害者の方達が帰還して以来、拉致問題は一歩も進展していません。それどころか、人々の記憶から風化しつつあり、街頭で署名や募金を呼び掛けても「まだやっていたのか」という声をかけられることすらあります。

拉致された人々を待つ家族も、年を取り亡くなる人も出てきました。かくいう私の夫、滋も2020年6月に亡くなりました。最期までめぐみの帰国を待ち望みながら…。

私達には時間がありません。

一刻も早く、と歯がゆい思いばかりが先に立ちます。

そんな中で、若い頃同じ新潟県寄居で近所に住んでいたという縁で、佐藤佐知典先生が、立ち上がってくれました。

中学教師である佐藤先生は、教え子の中学生に拉致問題の存在を教え、教え子達とめぐみや他の拉致被害者の帰国を強く呼びかける運動をしてくださっています。私達も何度か、佐藤さんのお招きで講演を行ない、中学生に拉致の問題を訴えさせてもらいました。また中学生と共に街頭での署名を行なったり、めぐみ宛てに書いた手紙を公表して、拉致問題がまだ解決していないことを世に知らせようとされることは、大変心強いエールをいただいていると思います。ありがたいことです。

佐藤先生から、拉致問題を学んだ中学生の方々には、一過性な運動ではなく、まだこの問題が解決しておらず、苦しんでいる人間がいることを忘れないでいただきたいのです。一人一人の小さな働きかけでも、集まれば国や政府を動かせると私は信じています。多くの拉致被害者を国家犯罪を犯して連れ去った国にしっかりと対決していただきたいのです。

また平和な日本のすぐ隣に、このように悪魔のような仕打ちをする非人道的な国が存在していることを、意識していただきたいと思います。

あの国がこのまま存在することは、私の娘めぐみのような悲惨な目に遭う被害者が再び出るかもしれないのです。そんなことは絶対に阻止しなければなりません。そのために何ができるか、考えてほしいのです。

私は、めぐみだけでなく、すべての拉致被害者の方の帰還を望んでいます。

そして、二度とこのような悲劇が繰り返されないように、国や政府に毅然とした態度であの国に臨んでいただきたいと切望しています。

この本をお読みになった方が、一人でも多く、佐藤先生の指導と活動に共鳴して、拉致問題に対して関心を持っていただけるよう、また解決にご協力いただけるよう願ってやみません。

佐藤先生のように日本国と子ども達の平安を願い、真心をこめ、日々深い思いを持続させて教育に当たって下さる日本の多くの教師方の力が発揮され、教育にしっかりと刻んでいただけることを願うばかりです。

長い年月の佐藤先生のご尽力とご支援に心から感謝申し上げ、貴重なご著書のご出版をお喜び申し上げます。

横田早紀江

はじめに

人生の大半は学校現場での生活。18年間の学舎を去り再び教育現場に戻って40年。単に平凡な一教師に過ぎず、敢えて語れるものは特にない。しかし休日返上で年間350日以上通勤、毎年5000時間労働は積み上げてきた。連日徹夜の体当たり生活指導、17年連続1000万円街頭募金活動（2021年で累計2100万円達成）、部活動を通した人間力指導、累計3万回の授業実践、戦争・病気・SDGsなど、様々な角度から「命」「心」の教育を多々継続してきた。そして殆ど休むことはなく力を入れてきたのが、第1章で紹介する拉致問題を通した人権教育（命と心の交流＝命の授業）である。特に異国の地でまだ生きている横田めぐみさんへの手紙、そして彼女の生存を心から信じ抜いていなければ不可能である、純粋な中学生特有の想像力を働かせて書く「めぐみさんからの手紙」そして「めぐみ新聞」、お読み頂けると幸甚である。

横田めぐみさんの母親である早紀江さんは、日を追う毎に体が弱っていく夫の滋さんのお見舞い（コロナの影響で一時ｉＰａｄ通信も利用）と心のケアに連日追われ、入院後は話すこともできず、大好きだったお酒も飲めず、胃瘻《いろう》で流動食を流す生活をしつつ、それでも「めぐみが帰ってくるまで一緒に頑張ろうね」と話しかけるといつも懸命に頷いていていたそうだ。やがて反応も厳しくなってきたと悲しい口調で話されていた。「いつも物静かで不満も言わず穏やかにしているだけに申し訳ない思いで一杯になり、こちらが力を無くしてしまいます」と、頂いたお便りにも長年の苦悩が滲み出ていた。（2020年6月　滋さんご逝去）

2020年は日本中で緊急事態宣言が出され、未だに慌ただしく世間は動いている。しかし異国の地に拉致され長期間帰国を待ちわびている被害者達の命を救うため、人権を守るための緊急的な宣言・毅然たる具体的な対策・本気の交渉などは今後あるのだろうか。一人くらいの命はもう諦めどうでもよい訳ではないだろうが、一人の人権を守ることは全ての国民の人権・命を守ることに繋がるという真実は、戦争・原爆・大震災などと同様、風化させてはならない。

「本当にこの問題はどういうことか？　政治家・外務省・警察等の過去に亘っての在り方を思わずにいられません」家族の命を45年間ずっと慕い続ける母親の心情も手紙に綴られてきた。人は誰もが一度きりの人生を真摯に送り、与えられた命の時間には当然限りがある。被害者家族も以前より高齢者ばかりである。「私達にはもう時間が無いのです」という切迫感が日を追う毎に響き伝わってくる。

人の命は皆平等で尊い。国民全員が決して諦めることなく、この人権問題の大切さを肝に銘じ続けてほしいと切に願い、第2章「人間力・正義・命の教育」の多種多様なエッセイ・資料も含め、ここに紹介させて頂きたい。教師生命・人生の全てを懸け、長年生徒と共に「命の信実」を学び歩んできた歴史、滲み出された彩りを心眼で読み感じ取って頂けると幸いである。

１４００回以上も全国講演会で国民に訴えてきた横田さんご夫妻になり代わり作成した。新潟時代から家族同然の付き合いをしてきた一教師の強き信念、そしてご家族5人の45年間に及ぶ痛切なる思い、めぐみさんからの絶叫、命の尊さを40年間教授してきた軌跡が、色々な資料や中学生達の作品から、1人でも多くの方々へ粛々と伝わることを心から祈願している。

「子は親の鑑」と同様、「生徒は教師の鑑」「教師と生徒は一心同体」、教育現場では「教師の人生は生徒の人生そのもの」という証を伝えるエッセイ集である。

目　次

第1章　横田めぐみさんとの「命と心の交流」

「めぐみさんの声が　聞こえますか」

１９７７年　晩秋の夜　めぐみさんは船の中で絶叫し
家族　友人　日本で平和に暮らす人達に　何を伝えたかったのでしょうか
そして今　私達に　何を訴え　叫び　必死に伝えようとしているのでしょうか
皆さんは　自分や周りの人達の命を信じる人ですか　それとも諦める人ですか
たとえどんな厳しい状況の中でも
希望を捨てない人ですか　絶望感に苛まれる人ですか
助けてという声が聞こえる人ですか　聞こえないふりをしている人ですか

横田めぐみさんは　今も日本に帰れる日を信じ　祈り　懸命に耐えています
そこには　根拠　理屈　論理はありません
生存を信じ　帰国を願うことは
私達が　日本人としての誇りと　命を共有し合う使命を
いつまでも強く持ち続ける覚悟を持つということです
この日本で有難く生かされている以上
いつの世でも　誰に対しても　生存を信じ
お互い共生し合い　生命への信念を持つ事は

人間として当然ではないかということです

ご家族も長年　ずっと待ち続けています

皆さんの「命を信じ切る心」「強い信念」を　どうかよろしくお願いいたします

拉致問題が再び停滞しています。小泉元首相による訪朝前の街頭署名活動は、大勢で一日中声を張り上げても50名程しか集まりませんでしたが、その後も世間の風化現象は幾度か訪れました。日本国民は最早、人の尊い命を諦めてしまったのかと、被害者家族の皆様も何度寂寥心を抱いてきたことでしょう。

今後いかなる危機的な情報を耳にしたとしても、「命を信じる勇気」「日本人としての誇り」を決して失わず、めぐみさん達の帰国を祈念し続けて頂きたいと、今日も心から切望しています。

横田めぐみさんとの「命と心の交流」

警察が入った暴力事件・悪質ないじめ・自傷行為、以前の本校は日々絶え間ない生活指導に多大なるエネルギーを費やす学校であった。命を軽視する暴言も乱発し、心が荒んだ生徒達の心に、「生きる素晴らしさ」「感謝力」「命の尊厳」の種をまき、見守り育てることが、教員にとって最大の課題となっていた。

「拉致問題」以下に紹介する活動を通して、本校の生徒達は「命に対する感性」を高めていった。そこで、彼らがこの人権問題をどう捉えてきたか、どの様に心の成長を育んできたかを紹介させて頂きたい。そして半世紀もの間継続してきた、横田さんご夫妻の「めぐみさん生存への強い信念」を心と魂で感じとった中学生達の、様々な真摯なる思想、そして人間力向上の軌跡を辿ってもらえれば幸いである。

①横田さんご夫妻の講演会

「この問題が解決するまで後輩達にも伝え続けよう」「１人では無理でも大勢集まれ

ば人の命を救うことができるはず」講演会の生徒感想文である。毎回、御礼の合唱も必ず行った。Ｙｏｕｔｕｂｅ（横田めぐみ　命の合唱　立川七中）でも動画が流れているが、異国の地にいるめぐみさんへも届く様に歌った、中学生達の決意・祈り・心の叫びと訴えである。

２００３年（第1回講演会）のテーマは「命」。講演前、事前に数十枚の様々な資料を配付し説明、討論・発表などを繰り返した。最初の頃は、いかに講演会を潰すか、妨害するかと企てる課題生徒達との闘いであった。

「私達は楽しいことだけを追うのではなく、苦しいことも忍んで、そして社会の中で何が大事なことなのかと学んで、歴史を学んで他国のことも学んで、日本の悪い所も良い所も学んで成長していって頂きたいと、本当に今、めぐみの姿にダブらせてお願い致します」

これは講演会最後に早紀江さんが結んだ言葉である。教育の真髄たる言葉、道徳の教科書を机上で学ぶこと以上に生徒の魂に響く成果があった。「行ってきます・ただいまと言えることがどんなに幸せなのか改めて実感した生徒」「人の気持ちを考え今という時間を大切にしていけるご夫妻の様な優しい心を持った人になりたいと感銘を受けた生徒」多様な思いを脳裏に刻み込んだ。複雑な家庭の事情を含め、生活指導に深刻な課題を抱える生徒達が、その後いかに日常の実践に結びつけていくか、私達教員の重大な課題となった。

２００８年（第2回）は、当時のめぐみさんと同年齢である中学1年生が中心になって書いた作文が、都心の展示会場で公表された。さらに社団法人海外広報協会から声がかかり、１週間連続でラジオで朗読してもらった。首相官邸ＨＰの「ふるさとの風」とコーナーでも紹介された。

「今めぐみさんは何をしているのだろう。帰りたい、助けてお母さん！　と毎日願っているのだろうか。いつかご両親が『長い部活だったね、お疲れ様！』と言って空港で迎える日が来ることを心から祈っています。（生徒感想）」

親の執念・真の愛情に接し、心が動かされない生徒はいない。そこには理屈を超えた親の信念があり、「本物の家族、教育とは何か」我々教員も深く学んだ一日であった。

２０１１年（第3回）は、社会科の授業で念入りな事前学習を依頼した。受験で忙しい中、３年生有志が中心となって生徒達自らが台本を作り、めぐみさんの叫び声を中心とした劇も初めて企画した。放課後練習・運営・方法は生徒達の自治力に任せた。同時に50人の有志による合唱も、音楽科の協力を得て最も熱を入れて継続した。特に日頃親に反発し、問題行動を繰り返す生徒が感銘を受け、「家族はなくてはならない存在であり、共に笑い、共に涙を流せる家族がいることを誇りに思い、一緒にいる時間を大切にしたい」と誓った生徒がいたことも多大なる成果であった。「早紀江さんが悲しみに耐えながらひたすら神様に祈っていたこと、人を憎んだり深い恨みを持ったことはなく、それが自分でも不思議に感じていることが印象的でした。（生徒感想）」

２０１５年（第4回）が最終回となった。今回も社会・美術・国語・音楽科を中心に、全教員の協力を得ながら準備を進めた。特にめぐみ新聞では、東京芸大出身の木場隆晃先生に多大なるご尽力を頂いた。又、あさがおの会森聡美さん達には大変お世話になった。普段の授業では目立たない生徒が、自ら率先して活動し、人間的成長を遂げていく姿を見ると感動を覚える。日本という平和な国に住んでいる私達が、憎しみの心を超えて、被害者救出と共に隣国の一般の人々の平和のためにも力を尽くすべきだと、真摯な気持ちで語り、歌い、訴える生徒達に、保護者・地域・報道機関の方々は涙を流し、深き感銘を受けていた。

②蓮池薫氏の講演会を通して学ぶ使命感

２０１７年、拉致被害者として、異国の地で暮らしていた蓮池薫氏に来校して頂き、5回目の講演会を実施した。「自分がどう生きるか自分で選ぶ自由を奪われ、家族や友人との絆を奪われたことが最も辛かった」と話し、「自分の夢と絆を大切にし、拉致問題の解決も真剣に考えてほしい」と強調された。いかなる苦境に遭遇しても、「生きるんだ、日本に帰るんだ！」と毎日耐え、壮絶な試練を乗り越えながらも、決して夢と希望を見失わなかった蓮池氏の24年間の苦闘と生き様に感動し、生徒達は「生きる勇気と使命感の重さ」を身に染みて感じ、命に対する感性と責任感をさらに高める成果があった。この講演会の様子は、東京都教育委員会が企画した人権学習教材ビデオ（東映・教育映像部制作）にも採用され、平成30年度には都内の全中学校・高等学校に配布された。

③霞ヶ関でのボランティア活動

２０１８年、２０１９年の8月に実施された内閣府による霞ヶ関の「夏休み体験」ボランティア活動に20名程参加させて頂いた。拉致被害者の早期帰国への取り組みについて、小中学生達に興味関心を深めてもらおうという啓発イベントである。本校の生徒10名が、当時の拉致問題担当相と意見交換をした。問題の風化が懸念される中、彼らは「解決を願うだけでなく、被害者帰国への願いを多くの子ども達に伝え、広げていくことが重要」「『拉致問題は難しい』と子どもに教えるのを後回しにしている。

国民1人1人が問題の本質を詳しく知り、考えることが必要」「この大切な人権問題について、私達が学んだことを子ども達に分かりやすく伝えることも大切」と訴えた。イベントは夏休みの親子連れを対象に開催。拉致被害者へ向けて放送するラジオのメッセージや「ふるさと」合唱の収録など、子ども達がなじみやすい体験型のコーナーも準備して頂き、生徒達が各コーナーを運営、タブレットで拉致問題の経緯を学べるクイズアプリの設問も数多く考え、採用して頂いた。対策本部の岡本宰氏をはじめ小林仁氏、郷路健二氏、皆様には生徒達が大変お世話になった。

話題に上がった拉致のVR体験の発案の源は本校の生徒達によるものであった。彼らは勿論言うまでもなく、政治活動とは全く無縁である。そして様々な体験活動を通した「純粋なる人権学習」を、現在も継続している。

④横田拓也氏の講演会

２０２０年11月、めぐみさんの弟、拓也さんに全校生徒へ向けて命の授業をして頂いた。

以下は双子の姉、原田ほのかという生徒の感想文である。

「最初はひとごとのように思っていましたが、深く知るにつれ、問題の解決に向け、自分達に何ができるかなどについて考えるようになりました。中学生の私達にできることは数少なく、小さな力です。でも身近な人に伝えたり、新聞に投稿したりすることができます。自分ができることを精一杯やっていきたいと思います。拓也さんがめぐみさんのことをヒマワリのような存在だったと話していて、なくてはならない人を一瞬にして奪われてしまったことに、胸が痛くなりました。また、今こうして家族と一緒に過ごせているのは当たり前ではないということを知り、感謝しなくてはいけないと思いました。『この問題は現在進行形の問題』拓也さんがそうおっしゃった時、私たちが発信源となっていかなければと強く思いました。」

多忙極まる日々の中で中学生達へ語った一言一言に正義と真実があり、教室で行われた第2部の特別授業でも、長時間、生徒からの様々な質問に対して丁寧に説明・回答して下さった。

2021年12月11日、政府主催の国際シンポジウムでも、拉致被害者家族会の新代表として就任するにあたり、「3人目の代表として闘わなければならない現実に矛盾を感じ、なぜ解決できないのか静かな怒りの気持ちを持っている。被害者全員の即時一括帰国を求めたい」と語った。

本校生徒へも同じ熱い気持ちを語り、作文を書きながら涙ぐむ生徒も多々いた。

国際シンポジウムの翌日（12日）、早紀江さんから電話を頂いた。

「昨日の表彰式で立川七中が団体（学校）賞を頂き、本当に嬉しく今までの取組みにも感謝します。

全国から集まった作文コンクール個人表彰の生徒さんや先生方にもお礼を伝えました。私も本当に物忘れが激しくなってきましたが、絶対に私達も諦めずに頑張ってきますので……」

という今後の希望・深謝の心・家族愛がみなぎる内容だった。

哲也さんと共に御両親とめぐみさんと心を一つに、いつまでも健康に正道を走り続けて頂きたいと切に願う。

⑤今後に向けて

本校では15年前から、芝田実教諭が開設した投稿チャレンジという伝統があり各新聞社へ投稿文を送付し、今までに1000回以上掲載して頂いたが、教員・生徒一同心より感謝している。講演会や総合的な学習を通して書いた拉致問題に関する投稿、そこから発展・応用・波及させた、様々な角度から捉えた「命」に関する発信文まで多方面に亘る。また、本校では講演会の事前・事後指導で様々な取り組みをしてきた。教員生活40年間、数十種類の「命をテーマとした教育活動・人間力養成」に、数千時間携わってきた。教師としての最大たる使命・人間教育を肝に銘じ、今後も実践していきたい。

時代

20代の講師時代、3年間で10校程掛け持っていたが、某高校の卒業式では、態度も悪く冷めた表情の生徒が多かった。このままこの学校を見限り去ってしまうのかと思っていた。

職員室にいるとある生徒が慌てて「教室に来て何か一言お願いします！」と呼びに来た。言葉より気持ちが先に出た。

「だから今日はくよくよしないで今日の風に吹かれましょう」下手なギター伴奏で歌った。音痴だが必死に大声を張り上げていると、いつの間にか生徒達は皆泣いていた。

横田めぐみさんのご両親が本校での講演を終えた後の音楽室での交流会、父親である滋さんと「いつか故郷に出会う日を…」と一緒に熱唱した。母親の早紀江さんや生徒達と共に、涙を流しながら再会・帰国を誓い合った。

人は辛い境遇に陥ると、中島みゆきの「時代」の歌詞に心が靡き彩る。今は先が見えない生活の連続であるが、いつか必ず幸せな平凡な日々が訪れることを、毎日祈願しながら今日も歌っている。

（追記）

卒業証書を壇上で最も投げやりな態度で校長から受け取った3年生のKという男子生徒が、最後の教室では突然泣き出し、周りに連鎖したのには驚きました。突っ張りや反抗的な態度はあくまでも表面上、教育や人間関係の世界では本質・本音・実相は目に見えない違うところに必ずあるという真実を学びました。

4回に亘る横田さんご夫妻による本校での講演会初回（2003年2月3日）、生徒有志達との交流会では「めぐみ」という歌を全員で、「時代」を滋さんと私と2人デュエットで歌いました。中島みゆきさんとは、世田谷（代田）に住んでいた頃、近所付き合いされており、それ以上に大ファンだったそうです。

「人生は突然豹変する」「平凡な生活こそが最大の幸福です」

ご夫妻は毎回心を込めて強調されていました。

めぐみさん帰国を願い

某休日の朝、卓球部の生徒と共に、早紀江さんの誕生日を祝う電話をした。今まで本当に涙ぐましい努力を継続されてきたこと、めぐみさんの帰国を中学生達が今も変わらず心から信じ祈願していること、末永い健康を祈念していることを伝え、電話越しに全員で手拍子と共に誕生歌を熱唱した。

家族と共に怒濤《どとう》の如く過ごした日々を思い浮かべ、早紀江さんは涙ぐみながら「本当に信じられないです」と呟かれた。そして時が経つ重みと速さを痛感し、時間が限られているという寂寥感、命に感謝し愛しむ潔さを中学生達に優しく表現して下さった。

「運命は最もふさわしい場所へとあなたの魂を運ぶ」中1の女子生徒はイギリスの劇作家の言葉を引用し、「めぐみさんの運命は少しずつでも着実に整っているはずです！」とキッパリ断言した。

13歳手作りの様々な「めぐみ新聞」を、誕生プレゼントとして贈らせて頂いた。

【横田拓也さん講演会・感想】　2020.11.7
（1）年（1）組（6）番　氏名（江頭 胡桃）

〜拓也さんの思いから学んだこと〜　今日の講演会、拓也さんが来てくださったこと、本当に感謝しかないです。今もまだ帰ってこれないめぐみさんのことを思い出すだけでも、つらくて苦しいと思うのに、前向きに拉致と戦う拓也さんが私にはとても輝いて見えました。そして、それを見ていると、「私も何かめぐみさんの力になりたい」とか、「拉致をたくさんの人に知ってもらいたい」と、前向きに考えずにはいられませんでした。➡家族に少し話してみたり、自分なりに情報をノートにまとめたりしてみました。（これも、今日の講演会がなければやっていなかったと思います）自分は今幸せに生活できていることに感謝して、拉致被害者の帰国をずっと、ずっとまち続けます。それが礼儀だと思っています。日本全国民きっと横田家の味方です！一人じゃないです！めげない心で、誰よりもめぐみさんらが「ただいま」と暖かい日本に帰ってきてくれると願って、信じて、きっと拓也さんの真っすぐな思いは、めぐみさんに届いていると私は思います。今日は、貴重なお話をありがとうございました。

〜私たちができること〜
1. 拉致を多くの人に知ってもらう 広める [illegible]
2. ただひたすら拉致被害者とずっと[illegible]
3. 自殺など、自分から命を捨てる人を0にする

【横田拓也さん講演会・感想】　2020.11.7
（1）年（1）組（11）番　氏名（末田 もこか）

お忙しいなか私達に貴重な時間をくださり、本当にありがとうございました。約1時間拓也さんは私達に思いを伝えてくれました。一言一言に深いストーリが刻み込まれていて、今まで知らなかった悲しい話を知り、胸が苦しくなったりなにかの重みを感じました。『あきらめない』めぐみさんに対しての熱い、素直な一途な気持ちに何度私は心に響いたか。本当に良い体験をさせてくれたし、あきらめない。折れても立ち直れる強い心を持つこと数えきれないほど学ばされました。素敵なお時間だったなと思います。本当にありがとうございました。

そして、体育館での講演会を終えた後には何人かの卓球部員と1年1組の女子が集まり、拓也さんとの交友会に参加しました。拓也さんの講演会について・拉致問題に対してなど様々な感想や意見、質問などを皆んなで共有し合いました。私達の一つ一つの言葉に頷きをくれたり目をちゃんと見て真剣に聞き、答えてくれました。あの時、自分の伝えたい事を本人の拓也さんに目の前でやっと伝えられる事が出来た喜びは今もまだ鮮明に覚えています。約1時間の素敵な時間を過ごしたあとにまたこうして、交友会に参加出来たことにすごく感謝しています。拓也さんの貴重な講演会はもちろん、拉致問題やその他にも必死に取り組み関心が強い中学生だからこそ、今までに学んできたことをぜひこれからの社会に生かせたらいいなと思います。様々な場面でも力を持っているのは、私達中学生にあると私は思っています。ほんの少しでも手助けになれるようまずは、私達が関心をもつ事が大事だと思います。横田拓也さん、貴重なお時間をありがとうございました。

【横田拓也さん講演会・感想】　2020.11.7
（3）年（4）組（28）番　氏名（北保 あかり）

横田拓也さんのお話しは私にとって、拉致の被害にあってとても身近にいる人の生の声ということが初めての経験で本当に、ありがたい貴重な時間でした。また人間として成長したと感じられる時間でした。私が講演会の中で1番心に残ったことがあります。それは横田さんご家族の話です。滋さん早紀江さんはめぐみさんがいなくなり、手がかりが少しもない状態でも涙を子供達の前では流さないようにしていたと思うとおっしゃっていました。しかし、一度だけお風呂で[illegible]の滋さんが涙を流していたと聞き、どれだけ辛かったのか、言葉に表せないような苦しみの中、必死に活動してきたことを感じました。また早紀江さんは一切涙を流さないと聞き、自分の身体の疲労、精神の苦痛を犠牲にしてまで、2人の息子さんを大事にする優しさを感じました。拓也さんは「今ある幸せを大事にしてほしい」「人事として拉致問題を考えないでほしい」「自分だったらということを想像してほしい」とおっしゃっていました。拉致被害者がもし自分だったらと想像すると家族にも会えない、美味しいご飯も食べれない、笑いあうこともできない、胸がはりさけるような思いになります。一刻でも早い帰国を信じ、実現するためにも就職頑張りたいです

いつまで続く拉致問題

早紀江さんからの葉書にこんな一文があった。

「長く生かされております事を思います。（中略）いつまでも御心配をかけ、いつになれば娘達は解放されるのか……と苦しくなってしまいます」

拉致問題解決に向けての署名活動も最初はゼロからのスタートだった。小泉首相訪朝以前は1日で全体50名程しか集まらない事もあった。「めぐみさんを救うために命の署名をお願いします！」と、活動を手伝ってくれた中学生や保護者による絶叫の嵐を巻き起こしてきたが、繰り返す風化の兆し、厳しい状況は今も続いている。

めぐみさんを待ち続ける忍耐強いご家族の胸中を、強く思い続けていかなければと生徒・卒業生・保護者・支援者の方々と共に、連日肝に銘じている。

良識あるネット署名をこれからも

１９７７年以降、拉致問題解決を求める街頭署名活動を頻繁に行っていた。八王子、日野、立川、上野、浅草、川崎、大宮、水戸、その他、数十箇所で署名活動を行った。「署名なんかしても帰ってこないよ」等と言われても、横田さん達を含めた私達は、一切聞こえないふりをして、毅然・黙々と続けていた。右翼の街宣車が署名活動場所に近づき、「横田めぐみを返せー！」と拡声器で叫ばれ、周囲の誤解を招いた時は大迷惑であった。

最近、様々なインターネット署名が全国津々浦々行われている。タイミング次第では一気に拡散を繰り返し、自宅にいても大量に賛同者を集めることができる利点に対し、昭和世代にとっては感動・驚愕しかない。

世の中の不正・隠蔽・不正義を感じたら、正直に思うことを世の中に発信し、声を大にしていくことはいつの時代でも重要である。今後も正々堂々と、責任を伴う良心・言論の自由権を行使できる署名活動を継続していってもらいたい。

北朝鮮に拉致された…めぐみさんらを救うために！

めぐみさんの帰国実現まで署名活動は続きます……！

日本人としての誇り・真の人権をこれからも守り続けていくために…

心温かい皆様の署名を是非お願いします！

"横田めぐみ"さんを助けて下さい！

（心より、有志一同、お願い申し上げます）

あなたの"◎◎善意・◎◎◎◎優しい心"を、少しだけ分けて下さい！

横田めぐみさん

新潟市寄居中学一年生（当時）
（昭和52年11月15日夕6：30頃、下校途中）

▼めぐみさんは、学校でバドミントンの練習を終え、午後六時すぎ、同じ仲間二人の女の生徒と一緒に下校。途中一人は協山病院方向のところで、もう一人とは旧新大理学部の四つ角で「バイバイ」と言って別れた。めぐみさんは、一人で暗い道を自宅へ向かったまま消息を絶った。

川崎市　父　横田　滋
母　早紀江

生存を信じる◎強い心・◎◎祈りの心◎

をどうか署名に託して下さい。〈政府へ直接送って下さっても構いません〉

めぐみさんは生きています！

一人一人のハート（署名）が帰国へつながります。どうか裏面に御署名頂き、10名分

〈裏面用紙コピー可です〉

集まり次第、新潟救出の会へ送って頂けないでしょうか？　支援の和を広げるため……よろしくお願い致します！

めぐみは
そんなむごい
死に方をする子ではないと
思っております。
決して負けないで、
生存を信じて、
めぐみたちを取り戻すために、
頑張ってまいります。
国民のみなさまには、
どうかこれからも
ご支援くださいますよう
切にお願い申しあげます。

横田早紀江

仏様の心を示し続けた滋さん

１９９７年、聖蹟桜ヶ丘駅前にて土砂降りの中、めぐみさんを救うための絶叫轟《とど》く街頭署名活動、帰りに生徒達はご馳走になり大喜び。１９９８年、八王子駅前、有志親子50名で４時間の署名活動、物凄い強風・春の嵐が吹く中、それでも執念で１７２０名の署名を集め、滋さんが満面の笑顔で喜び・驚き・感動の表情。その後、川崎のご自宅まで生徒10人程でお邪魔し、手作りのお寿司をご馳走に。めぐみさんに似た快活明朗な女子がピアノを弾き、歌い、常に滋さんは笑顔がとても素敵な良きお父さんであった。

川崎での署名活動、「こんなことやっても意味がない」と暴言を吐く者が通っても、滋さんはいつも通り黙々と頭を下げながら活動をされていた。

人間にとって大切な底力・忍耐力・英断・優しさなど目に見えない大切な魂を抱き、仏様の様に心が広かった滋さん。心よりご冥福をお祈り申し上げると共に、めぐみさんの帰国への信実・祈願の声を世界中に届けたい。もう如何なる過去をいつまでも振り返っていても仕方ないのだ。

（追記）

45年前、広島から近所に転勤してきためぐみさんと妹が一緒に新潟小学校へ通ったこと、父親同士が新潟時代の同僚だった時のこと、他様々運命的な話を、川崎駅前の居酒屋で、横田さんご夫妻と夜遅くまで語りました（2003年2月）。滋さんがお酒に酔い、さらに饒舌になった笑顔は忘れられません。

「お父様にきっとお会いしていますよ」滋さんが天国に旅立った後、早紀江さんからの電話で、3年前この世を去った父親のことに触れてくれました。最後に「これは闘いなんです！」とも話されました。　合掌

もう1つの緊急事態宣言を

「横田めぐみさんのことを考えてみて下さい。私達はまだ幸せです。有難い環境にいることができています。希望があります。めぐみさんにもまだ希望はあります。お互い違う希望かもしれないけれど、その希望を見失わずに、今打ち込み今まで努力してきた証、追い求めた夢に感謝して、誇りを持って過ごしてほしいです」

２０２０年、新型コロナウイルスの影響で、男女出場予定だった春の関東大会も幻となり、夏の全国大会も中止、2年生の3月に自動的に引退となってしまった3年生達に対し、同じ部活の先輩高校生が贈ったメッセージである。

今後の忍び寄る危機回避のため、国民の「命」の尊厳は確かに最重要、当然たる決断と覚悟、仕方ないのは分かっている。しかし「命懸け」で学校に通いたい、様々な夢を追い求めてきた若者達も全国に大勢いることも決して忘れないで頂きたい。

そして、北朝鮮で長年希望を絶やさず帰国を切望し続けている横田めぐみさんの「命」、すなわち拉致問題に関しても、「緊急事態宣言」を発令して頂きたいと強く祈念している。気が遠くなる程の年月強く希望しているご家族にとっては当然たる願いである。

（追記）

横田滋さんの病状が相当厳しくなっていた頃、早紀江さんの話す内容の理解も難しくなっていました。

ゴールデンウィーク中（5月6日）に電話をしました。ずっとお見舞いには行けず面会できない中、病院側の配慮でｉｐａｄを使用し、定期的に毎日午後３：00からの交流・会話をしていたそうです。５人兄弟一番下の（滋さんの）弟さんが顔を見せた時は、満面の笑顔で応えたとも話されていました。

その年は、数回電話で状況を伺いましたが、「もう時間が無いのです」という切迫感が、日を追う毎、時間が経つに連れて痛切に響き伝わっていました。

必ず果たす！「横田めぐみさんの帰国」

横田滋さんがご逝去された日の翌朝、教え子達と共に心よりご冥福をお祈りし、黙禱させていただいた。

早紀江さんは、日を追う毎に体が弱っていく夫の滋さんの見舞いに連日通われていた。話すこともできず、大好きだったお酒も飲めず、それでも、「めぐみが帰ってくるまで一緒に頑張ろうね」と話しかけると懸命に頷いていた。しかし段々と反応も厳しくなってきたと伺っていた。「いつも物静かで不満も言わず穏やかにしているだけに申し訳ない思いで一杯になり、こちらが力を無くしてしまいます」と、頂いたお便りにも苦悩が滲み出ていた。

いつの時代も、日が過ぎるとやがて何事も無かったかのように静かに地球は回り、再び人々は奔走を始める。そんな中、異国の地に拉致され長期間、この人権問題に関する毅然たる具体的な対策・強気の交渉などは今までにどれ程あっただろうか。自粛期間中、滋さんの残された余命、動けず話せずめぐみさんに会えず悔しがっていたであろう無念さをも感じていた。「本当にこの問題はどういうことか？　と、政治家・

外務省・警察等の過去に渡っての在り方を思わずにいられません」という、家族の命をずっと慕い続けていた母親の心情も、皆様には解決の日までずっと肝に銘じ続けて頂きたい。

年　月　日　特別号

MEGUMI 新聞

発行　立川市立 立川第七中学校　2年1組36番　乙幡百花

めぐみさんへ

めぐみさん元気ですか？めぐみさんは13歳の時に全く知らない場所へつれてかれてしまい辛く不安や苦しみでおしつぶされてしまいそうになったこともあったでしょう。しかし、私達はめぐみさんが帰ってくることを信じています。

私はめぐみさんのことを中学校での横田さん夫婦の公演会でしりました。横田さん夫婦はいろいろな場所でめぐみさんのことを知ってもらうために公演会を行っています。私はもっと沢山の人に知ってもらい多くの人に重要視してほしいと思います。そして、協力してほしいと思います。しかし、まだまだ知っている人もいないのが事実です。なので、もっと沢山の人に知ってもらうように私達も頑張っています。なのでめぐみさんも諦めずに必ず帰ってやる！という強い気持ちを持っていてください。私達も帰ってくることを信じて待っているので帰ってきてください!! 横田さん夫婦も首をながくして待っています。そして、日本の沢山の人がめぐみさんの帰りを信じて待っています。

一日でもはやく帰省願う

めぐみさんは今一人で見知らぬ土地で戦っています。めぐみさんは辛いと思います。しかし言葉で表すのは簡単ですがめぐみさんの辛さを私達は知りません。そんな中で戦っているめぐみさんをすぐに自由に家族のもとへ帰してあげたいです。一日でも一秒でも早く絶望から解放されることを願っています。

横田さん夫婦へ

私は横田さん夫婦のおかげでめぐみさんのこと、拉致問題のことを知ることができました。本当にありがとうございます。今、私はめぐみさんのことをより多くの人に知ってもらうことが大切だと思います。

例え、一人一人ができることがどんなに小さなことでだろうと多くの人がやれば大きくなって力になるのだと思います。そして、信じつづけることが大事だと思います。行動を起こすこともちろん重要ですが、まず気持ちがおろそかになってはいけません。

なので、めぐみさんのために私達も諦めず帰ってくると信じています。なので、横田さん夫婦も誰よりも強く信じて公演会を続けてください。

・めぐみさんが帰ってくることを信じて待っていましょう。この拉致問題を沢山の人に知ってもらいもっと多くの人に協力してもらい一日でも早くめぐみさんに帰ってきてほしいです。

必ず生きて帰る

拉致被害者達と家族の壮絶な人生を、世間へ必死に訴える映画『めぐみへの誓い』を見に行った。「必ず生きて帰る！」と強く念じながら、異国の地で今も耐え、懸命に生き抜いている横田めぐみさん達を思い、会場内周囲に涙無しの者は殆どいなかった。

「もうすっかり北朝鮮人になってしまったのかな…とか考えながら切ない時間を過ごしております。歳とる毎に弱まってゆく心身は哀しいですね」「めぐみの姿が全く見えない儘、呼びかけ続け年月が走り去っていく侘びしさを思います」

横田早紀江さんから頂いた多数のお便り、孤独感漂う内容が日を追う毎に増えている。特に夫である滋さんがご逝去されて以来、この世に対する諦念の心情が、心做しか表される様になってきた。13歳の中学生の生命と安全を守り助け家族に帰すという、人として当然たる命の問題は、いくら年月が経っても決して忘れてはならない。もしこの問題がいつまでも解決されなければ「国家の恥」であると早紀江さんは産経新聞で主張していた。

拉致問題に取り組んで25年、横田さんご家族や蓮池さん達による計6回の講演会、連日連夜の街頭署名活動、人権学習（総合の時間）、その他様々できることは可能な限り継続実践してきた。しかし現実問題、めぐみさんはまだ帰国できていない。このまま人生が終われば、一中学教師として「教育者としての恥」だと毎日呟きながら、今日も申し訳なく生かされている。

（追記）

70通以上頂いた、横田さんからの手紙1通1通には、母親としての覚悟・愛情・誇れる魂が毎回込められています。「平和ボケの日本国を憂いながら恥を忍んで生き生かされている」という感覚に陥ります。

毎年12月に実施されるイイノホールでの国際シンポジウム（内閣府・拉致問題対策本部）招待席、左隣に座っていた野伏翔監督から（映画鑑賞）招待券を頂いていたので、一刻も早く何としてでも！　という思いで足を運びました。膨大なる感動と同時に、人間としての誇りを失った者達への怒り、情けなさが、今まで以上にこみ上げてきました。

宣伝用のパンフに書かれている「自分を殺してもきっと生きて帰る！」……この言葉は、

「いくら努力しても帰国が叶わないことで精神に疾患をきたしてしまい、悶え苦しみこの（精神）病院から出られない苦痛苦難に耐えていくよりも、理不尽な運命への怒り・憎しみ・哀しみを心の奥底に封印し隠し切ってでも強く何としてでも生きていくしかない！」というラストの場面、この映画の核心部分に凝縮されていました。船底に押し込められたシーンなどを含め、この映画を見て何も感じない人間がこの世にいる訳はないと、一層強く確信した思いでもありました。

戦争、空襲、原爆、飢餓、不治の病、ハンセン病、障がい者、高齢者、子ども、女性、様々な人権問題を生徒と共に学習してきましたが、拉致被害者達の人権を度外視する保身主義が、この問題を長引かせてきました。東京五輪を通して、様々な国際的視野で多様な人権問題も論議されてきましたが……。

長年の拉致問題を含め、日本の闇部分に鋭利なメスを入れる様々な正義の報道を継続していただくことが今までに無ければ、日本国がいかに退廃した国になっていたことか、想像を絶する思いです。

「25年間継続した命の授業」～横田めぐみさんから学ぶ～

生徒達は雨の中、一生懸命叫び続けた。「横田めぐみさんは生きています。一刻も早くこの問題を解決しないと生命の危険が高まります。皆さんの温かい心をこの署名に託して下さい！」早紀江さんも「当時のめぐみと同じような中学生がここまで関心を持ってくれるとは…娘を思い出して感無量になります。」と冷静に語ってくれた。「ある人が『まだやっていたんだね』と言い去っていきました。どんな事件も忘れられる事件はありません。」生徒の感想である。一生懸命お願いしても簡単には思いと願いが伝わらないもどかしさに強い挫折感を味わった感想が多かったが、時には人の温かさにも触れ、希望を語り合い励まし合い継続していった。政治的色彩は一切なく、拉致問題に関する募金は1円たりとも集めず、純粋なボランティア活動であったことは言うまでもない。

「被害者救出のために続けた署名活動」これこそが私達の原点である。

「あなたのために家族が動き、国が動き、私達は泣きます」感想文には、時が経てばやがては風化されるだろうと甘く見ている人達への警鐘もあった。

「罪を憎んで人を憎まず」ご夫妻は毎回必ず「隣国」の人々の純朴さや誠実さも強調し、優しい口調で「人を信じる心の大切さ・善の心の尊さ」の感性を強く育んで下さった。

「早く帰ってきて下さいではなく、帰ってきてもらうために、私達が努力しなければならないんですね。日本にいる全員が同じ気持ちなら絶対帰ってきます」と話す生徒もいた。今回の講演会の様子は、早紀江さんが安倍元総理大臣をはじめ、多くの国会議員に手紙で伝えてくださった。「心の底から信じ切ることの大切さ」「行動し続ける執念・勇気・忍耐力」「真の家族のあり方・親子の絆」について全校生徒が真剣に考え、模索・思考を継続し、「命愛しみ感謝する心」という1つの学校文化を強固に創造していき、「拉致問題を通して人権教育に取り組むと共に、まだ解決していない生存者の帰国を支援していきたい」と、本校HPでも当時の学校長が力強く主張した。

内閣府の拉致問題対策本部より講師をお呼びし、様々な学習会を開いた。前にも触れたが（P24）拉致現場でのVR体験、霞が関の「夏休み体験」ボランティア活動で実際に多くの子ども達に、めぐみさんが拉致された恐怖の一部を感じてもらい、この問題の重要性に触れる機会も得ることができた。

「ご先祖様から預かった命のバトンを子孫に引き継ぐ大切さを忘れず毎日感謝して生きる」この様な命の感性を記事や作文に表現する生徒や、命愛しむ美しい日本語を真剣な眼差しで書く生徒も、学力問わず着実に増えた。これは学校長をはじめとして、多くの教員の協力の下、拉致問題に関する総合的な学習を長年継続してきた成果の1つである。

また、本校では17年連続、拉致問題とは全く別のユニセフ街頭募金活動も併行して実施し、毎年100万円以上集めてきた。東京五輪までに2020万円を集めようと毎年生徒達が尽力してきたが、コロナ禍で、この目標は一時ストップした。しかし2021年12月、目標を上回り一気に2100万円を超えるに至った。この活動を始めることができた背景には、継続した街頭署名活動の実績と自信が根底にある。そして署名活動で培った強い精神力と責任感を持ち続け、毎年必ず100万円以上集め、やがて1000万、2000万と積み上げていけば、（拉致問題だけではなく）世界中の貧国や飢餓で苦しむ子ども達のために尽力すれば、必ずめぐみさんは帰国できると一同念じ、信じ、心ない言葉を浴びても、顔に唾を吐かれても耐えて活動してきた。

「悲しいこと・理不尽なこと・生きていく限りまとわりついてくる諸々のことを何一つ無駄なことはないと思い、毎日両国の平和を祈り続けている」と話す早紀江さんは講演会終了後、「必ずめぐみをここ（中学校）に連れてくるから！」と、手を握りながら1人1人の生徒に約束して下さった。

「親としてこれ以上はできなかったというところまで一生懸命活動し、命尽きるまで悔いのない様に生きる」と毎回強気で語る早紀江さんも体力の限界をすでに超えている。全国の中学生達がこの人権問題を風化させず、今後の日本を背負っていく彼らの心を粛々と美しく育て続けていくことは、私達教員の責務の1つである。めぐみさんが帰国する瞬間を見届けるまで、この命の感性を育む総合学習を今後も継続し、全国の教育現場でも興味関心を持ち続けて頂きたいと切に願っている。

なお、1977年以降の署名活動や授業実践においては、荒木和博氏、小島晴則氏による日本を代表する洞察力・実践力から多大なる影響を受け、心より感謝し継続している。


拉致問題解決に向けての本校（立川七中）での主な取り組みは以下の通りである。

生徒からは「死ね」「死にたい」「生きていても仕方ない」という発言が目立ち、親も「お前なんか生むんじゃなかった」「今年の誕生プレゼントはタバコ1ケースだけ」と平気で口にし、学校・家庭共に、命を軽視する言動が目立つことが長年の課題であった。

しかし、横田さんご夫妻の講演会などを通して、見違える程「生命力に溢れる中学校」に変容していった。

【1】横田滋・早紀江さんご夫妻による4回の講演会（2003、2008、2011、2015）、横田拓也氏による講演会（2020）↓（TBS）丹羽小百合記者・（NHK）能州さやか記者・（新潟日報）原崇氏・（日本教育新聞）佐原啓仁氏他、多方面より長年取材継続中
【2】蓮池薫氏による講演会（2017）
【3】街頭署名活動、都内他県にて17年継続（含生徒や保護者等の協力）
【4】内閣官房拉致問題対策本部事務局総合調整室講師による学習会（3回）
【5】拉致問題への関心を高めるための様々な授業継続実施（総合学習・道徳）2019年、3学年一斉人権学習（拉致問題）、集団討論や世間への発信（産経新聞・中村昌史記者による取材・連続広報）
【6】首相官邸HPのURLより拉致問題対策本部の番組「ふるさとの風」内で本校生徒の作文紹介、社団法人海外広報協会によりラジオでも継続紹介
【7】2018年、人権学習教材ビデオ（東京都教育委員会、含立川七中・拉致問題授業）都内全学校に配布

【8】拉致問題解決に向けての生徒投稿文、多数新聞掲載（読売・朝日・産経・毎日・東京）

【9】こども霞ヶ関見学デー「拉致問題」コーナーで各種ボランティア活動及び加藤勝信拉致担当大臣（当時）との意見交換会

【10】内閣府によるFMふくやま内、ラジオCMの収録（拉致問題の広報・啓発、政府ラジオCMの中学生20名による収録）

【11】岡本宰氏・小林仁氏のご高配を賜り、2018年、2019年、東京虎ノ門イイノホールにて北朝鮮向けラジオ公開収録のため本校生徒多数参加

【12】2008年、有楽町マリオンにて横田さんご夫妻の取材に立川七中生5名が参加（朝日新聞・北野隆一氏による推薦）

【13】2020年清瀬三中（金井誠元校長より依頼）、2021年府中八中（横溝明子主任より）、2020年小平五中（中村教諭）にて、（筆者による）拉致問題をベースにした命の講演会実施

【14】瀬戸毅氏（再従兄弟・元アジア極東判事防止研修所長・最高検察庁監察指導部長）、渡辺道代氏（日本一の教育者・生活指導の神様・命の恩人（救世主））による心と魂・正義の講演会（御二方共に2回ずつ）実施

2015年　4回目講演会

こども霞が関見学デー（ボランティア活動）

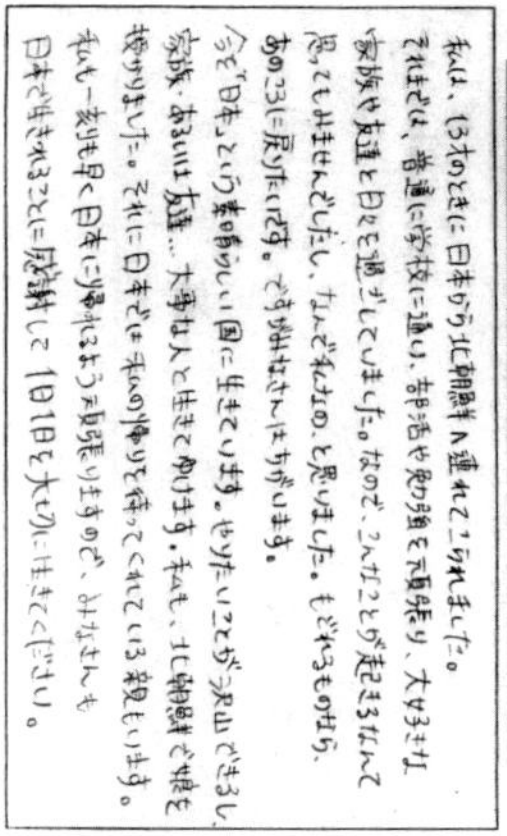

総合（人権）学習資料　【提出用】

（2）年（4）組（41）番　氏名（仲　美紗希）

（1）拉致という言葉のイメージ

知らない土地で知らない人に怖い思いをさせられるイメージ。

（2）当時中学１年生だった横田めぐみさんの壮絶な思い

ふつうに平和に、将来のことや勉強や部活のことを考え日々生きていたと思う

（3）自分が突然異国の地に連れて行かれた時に陥る心境と生き抜いていくための覚悟

多分泣いてしばらく立ち直れないけど、帰れることを信じて必死に生きる。

（4）もし自分が横田滋・早紀江ご夫妻の立場だったら？

自分達があきらめてはいけないという思いで一生懸命署名活動などをする。

（5）めぐみさんが奪われた人権

友達とあそぶ権利、母国ですごす権利

（6）様々な人権を自他共に守ることが大切な理由

人権をきずつけることは、その人自体をきずつけることと同じだから。

（7）拉致問題を解決するために私達ができること

拉致問題に関心をもち、次の世代に伝えていくこと。

（8）「命」という漢字の変換

同　たとえ日本全体でみたとしても、命の価値は絶対みんな同じだから。!!

（9）日本で生きれているみなさんへ

私は、13才のときに日本から北朝鮮へ連れてこられました。

それまでは、普通に学校に通い、部活や勉強を頑張り、大好きな家族や友達と日々を過ごしていました。なので、こんなことが起きるなんて思ってもみませんでしたし、なんで私なの、と思いました。もどれるものなら、あのころに戻りたいです。ですがみなさんはちがいます。

今を「日本」という素晴らしい国に生きています。やりたいことが沢山できるし、家族・あるいは友達…大事な人と生きて行けます。私も、北朝鮮で娘を授かりました。それに日本では私の帰りを待ってくれている親もいます。

私も一刻も早く日本に帰れるよう頑張りますので、みなさんも日本で生きれることに感謝して1日1日を大切に生きてください。

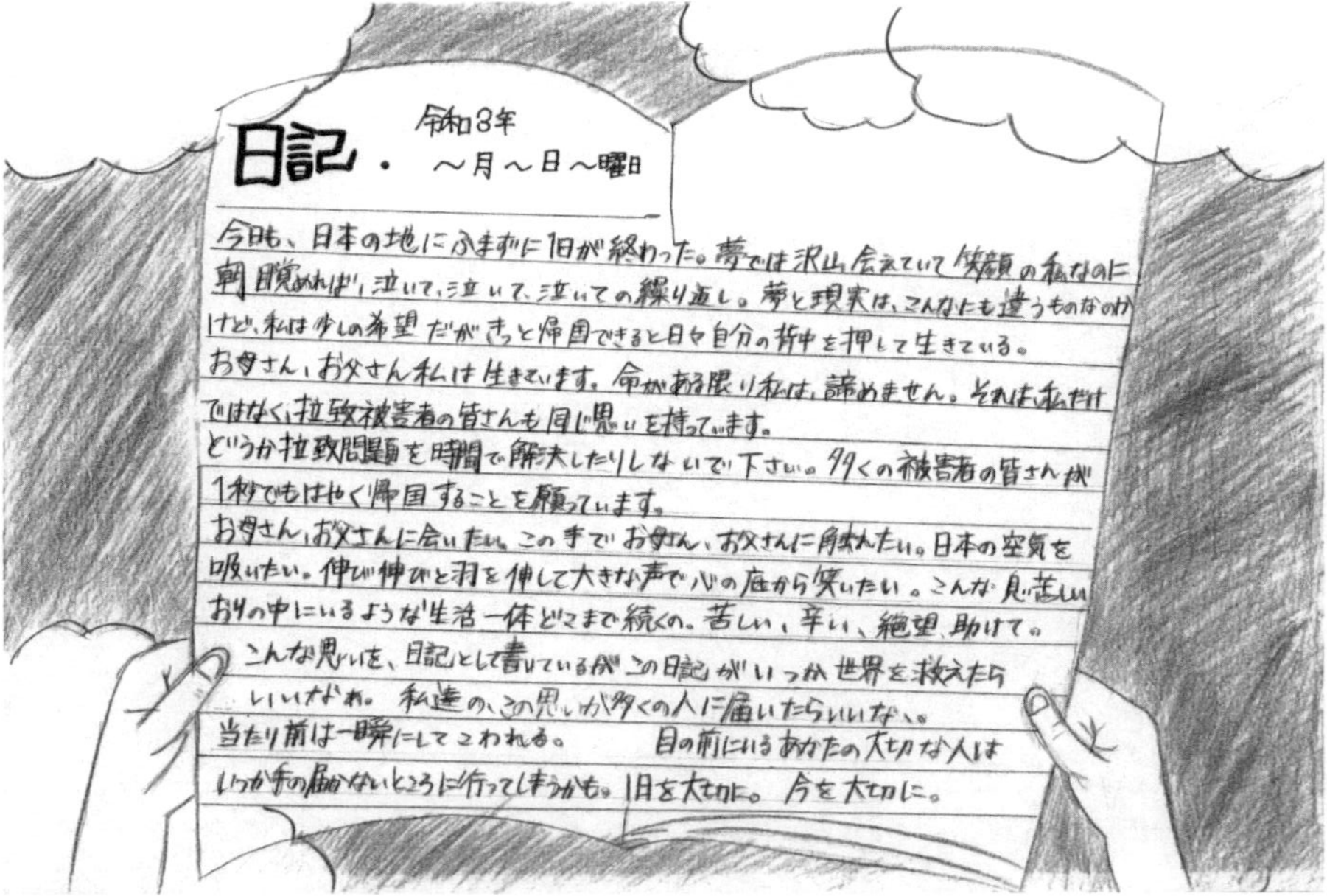
日記・令和3年
〜月〜日〜曜日
今日も、日本の地にふまずに1日が終わった。夢では沢山会えていて笑顔の私なのに
朝目覚めれば、泣いて、泣いて、泣いての繰り返し。夢と現実は、こんなにも違うものなのか
けど、私は少しの希望だがきっと帰国できると日々自分の背中を押して生きている。
お母さん、お父さん私は生きています。命がある限り私は、諦めません。それは私だけ
ではなく、拉致被害者の皆さんも同じ思いを持っています。
どうか拉致問題を時間で解決したりしないで下さい。多くの被害者の皆さんが
1秒でもはやく帰国することを願っています。
お母さん、お父さんに会いたい。この手でお母さん、お父さんに触れたい。日本の空気を
吸いたい。伸び伸びと羽を伸して大きな声で心の底から笑いたい。こんな息苦しい
おりの中にいるような生活一体どこまで続くの。苦しい、辛い、絶望、助けて。
こんな思いを、日記として書いているが この日記がいつか世界を救えたら
いいなあ。私達の、この思いが多くの人に届いたらいいな。。
当たり前は一瞬にしてこわれる。目の前にいるあなたの大切な人は
いつか手の届かないところに行ってしまうかも。1日を大切に。今を大切に。

拉致担当大臣（当時）との意見交換会（2018年）

ただいま、
みんな。

卒業生作品（高校で新聞創作）

拉致問題教育の意義と成果

【1】人間力向上の軌跡

「人生は本当に一瞬で変わりますからね」横田早紀江さんがふと話しかけた言葉である。中学1年生だった長女めぐみさんと離れ離れとなって45年の月日が経つ。「ただいま」「おかえり」と私達が当たり前の様に普段使っている言葉が、ある日突然失われた。あと1分で家に辿り着くはずが、突然自宅目の前で行方不明となり、異国の地で生きていく運命となった。当時高校生だった私はその日以来、あの新潟日本海の荒波を何度も見て過ごした。めぐみさんの通学路を私達家族も連日利用していたが、滋さんと日銀で同僚だった父、行方不明の現場を僅か15分違いで通っていた同級生の妹と共に、近所に住んでいながら何も気づいてあげられなかったことを長年悔やみ続けた。

横田めぐみさんが行方不明となってから20年後の１９９７年、この問題が国会で大きく取り上げられ世間を震撼させた。あれから25年間、講演会・街頭署名活動など、風化防止、解決の一助になればと、この人権問題を総合的な学習の時間で何度も扱ってきた。ご夫妻は本校での講演会で、自分の命ある限り決して諦めることなく「必ず娘との再会を果たす」と心から信じ切った口調で訴えた。親の愛情の無限たる深さに驚愕し、感受性が高い生徒達は毎回涙を流してきた。

解決の兆しが微かに見えては何度も膠着状態に陥る、拉致問題への世間の関心が薄れることが最も怖い。一瞬で変わった彼女の人生を、1万日以上の時を費やしながら懸命に取り戻そうとしているご夫妻の信念と人柄に接し、今までに何度も人生を学ばせて頂いた。政治家を含め日本人である私達は何らかの形で応えなければならない、総結集して結果を出さなければならない時期だと何度も叫ばれた。人生の時間は誰しも無限ではない。数多くの戦争体験談や辛い闘病記、東日本大震災・大津波による犠牲者の方々の壮絶な話を通して学ぶのと同様、「人間はいかに多くの人々・奇跡の連続・目に見えない力のお陰で生かされているか」という命に対する感性を、現場教育の中で1人でも多くの中学生達へ伝え続けていかねばと考えてきた。

いつか解決するだろうではなく「今年こそは、今日こそは」と毎年継続して闘ってきた、中学生達の様々な思いを共感・共有して頂ければ幸甚である。

【2】街頭署名活動

国会で代表質問が出された1997年2月3日の約3ケ月後となる5月24日、京王線聖蹟桜ヶ丘駅前で、土砂降りの雨の中、傘をさしながら初めての署名活動を4時間行った。前任校である八王子七中の有志生徒達15名と共に声を張り上げ続けたが、自ら意欲を示し参加した生徒達だけあって、全員目を輝かせ若者達の絶叫の嵐に感銘を受けた多くの通行人が足を止めてくれた。忙しいなか早紀江さんも駆けつけてくれた。この日の様子は早紀江さんの最初の書籍『めぐみ、お母さんがきっと助けてあげる』にも取り上げられた。

生徒達は雨の中、一生懸命叫び続けた。「横田めぐみさんは生きています。一刻も早くこの問題を解決しないと生命の危険が高まります。皆さんの温かい心をこの署名に託して下さい。どうか1分間だけお時間を下さい。ご署名よろしくお願いします！」小泉元首相による2002年訪朝前の5年間は、拉致「疑惑」問題として扱われ、なかなか信じてもらえないことも多かった。そんなのはでっち上げ、嘘だと文句を言われることもあったが、「理不尽に突如連れて行かれた13歳の中学生を、同年代である13歳の私達が、今助けようとしていることに何の問題があるのですか？」と大人に対し毅然と立ち向かえる生徒もいて頼もしい限りであった。早紀江さんも「当時のめぐみと同じような中学生がここまで関心を持ってくれるとは…。娘を思い出して感無量になります。現在どうなっているか一向に分かりませんが、とにかく無事でいることを何らかの形で知りたいものです」と冷静に語ってくれた。

翌日は八王子駅を中心に保護者も加わり20名で行った。この様な中学生による署名活動に政治的要素はなく、あくまでも被害者を救い出すためだけの活動であり、勇敢な生徒達による世間に対しての純粋な「命の問題提起」であった。その後大宮などへ大勢で遠征に行ったが、やはり1998年と2000年、春一番の激しい突風が吹くなか地元で行った有志数十名による活動が印象的である。横田さんご夫妻にも応援に駆けつけてもらい、通常の5倍の署名を集めることができ、「この3年間の中で全国2番目に多い数です」と滋さんも微笑み喜んでくれた。

転勤後、風化の兆しが見えては、立川駅前で何度も活動を繰り返した。疑惑が払拭された2002年以降、暫くは1日数百人集まったが、その後数年間はどんなに心を込めて大声でお願いしても素通り・無視されることが増えていった。以下は生徒による感想文である。生徒の声を通して、現代社会にも通じる目に見えない様々な問題点が滲み出てくる。

（生徒感想文）

「総合の授業や講演会等、日頃から自分の考えが出せる良い機会が多くあったため、署名活動に積極的に参加したいと思っていました。でも少し気がかりになったことがありました。ある人が『まだやっていたんだね』と言い去っていきました。最近（2011年）日本で大震災が起き、パニックになって地震一色になっています。しかし、どんな事件も忘れられる事件はありません。私は強くそう思います。（土橋宗一郎）」

「呼びかけてもビラを受け取ってくれる人でさえ数十人中1人で、とても悲しかった。今世の中の人はどういう気持ちなんだろう。どうせ帰国は無理だろうと諦めているのだろうか。何時間も活動して僕の所は署名してくれたのは7名だけだった。絶対生きていると日本人みんなが強く思えば必ず解決に向かうはずだ。（菊池将司）」

「今日は15人くらいが署名してくれた。殆どの人が素通りをし、こちらの声が聞こえないかの様に平然と通り過ぎていく。それに迷惑そうに冷たく見つめたり、こんな小さなことをやっても意味がないと言い怒鳴って走っていく人もいる。同じ中学生として、同じ日本人として自分ができることはこれくらいしかないのかと悔しくてたまらない。でも小さなことに意味が無いとは決して思わない。許せないことは人々がこの問題に無関心になることだ。他人事として最低限の知識も持たないなんて同じ人としてあってはならない。今後は国をあげて解決していきたい。（鈴木萌重）」
「今日は署名をしてくれる人は殆どいませんでした。何故だろうと思いました。とても悲しくなりました。同じ1人の人間として恥ずかしくないのかと思いました。自分が良ければそれで良いのでしょうか。私は横田さんの悲しみに満ちた顔は二度と見たくありません。笑顔が見たいです。そしてめぐみさんと再会した瞬間の喜びの涙が見たいです。そのためこの問題に立ち向かっていきたいです。（上村理菜）」

4時間で署名数が300の時もあれば50に満たないこともあった。悲喜こもごもの体験を通して生徒達は社会性・忍耐力や礼節の精神を身につけ、世間の冷たい風を受けつつ日々逞しくなっていった。一生懸命お願いしても簡単には思いと願いが伝わらないもどかしさに強い挫折感を味わった感想が多かったが、時には人の温かさにも触れ、希望を語り合い励まし合い活動は継続していった。多くの同僚教員、保護者の支援があってこその良き伝統となった。

【3】講演会を通しての成長

〈前にも触れたが（P20～22）生徒感想文を含めて再度紹介〉

（1）2003年　第1回講演会

本校で初めての講演（2月3日）を行う直前、最後の打ち合わせをした。勤務後、川崎駅で夜9時に待ち合わせ、様々な話を伺った。その中で最も感銘を受けたのはご両親の温かいお人柄と娘の生存に対する強固なる信念であった。早紀江さんは私の目をしっかり見据え、ただ1度だけゆっくりと目をつぶり、1語1語嚙みしめるように、優しく凛としてこう話された。

「めぐみは必ず生きていると、私達は本当に心から信じているんですよ」

この世にこれ程までにわが子の生存を信じ切り、命を共有し、親の使命を果たしている方に出会ったのは初めてであった。講演前、事前に、度重なるビデオ学習、資料配付ワークシート記入・討論・ディベート・発表などを繰り返していた。しかしご両親の生の声を通して、命の尊さというものを理屈ではなく心で感じ、魂を深く揺さぶる体験に勝るものはないとこの瞬間確信した。

当時の1年生有志を募って集まった合唱団が、「めぐみ」という歌を本番で披露した。途中、生徒自らが作った長い創作詩が熱い語りとして入り、会場にいる800人の心を打ち、新聞社・テレビ局計20社による報道で、暫く凄まじい反響が続いた。

行動の力・待つ力・信じる力をご夫妻に感じ取ってもらうために1年有志も心を込めて歌い、訴え、熱く語ったが、3つの力を持つには勇気が必要で、信じる相手を深く愛していなければならないこと、家族が強い絆で結ばれている必要があることも、生徒達は粛々と学ばせてもらった。

(生徒感想文)

「めぐみさんは今もご両親に会おうと頑張っているはず。今の私は何事も途中で諦めてしまう。今苦しんでいながら生きている人達に失礼だ。一生の命、一生の時間を大切にしなくてはならないということを教えてもらった。(深谷)」

「横田さんを今まで支え続けてきたものはみんなの願いです。私はこれからの人生を一生懸命生き続けます。暇な時間がなくなるほど毎日を輝かせます。(岩崎)」

「今日を精一杯生きるという意味が今まで分かりませんでした。お2人の話を聞いて、今はいつか過去になるから後悔しないように生きようと決めました。(北久保)」

「私達1人1人には神様がついているのだと思っています。だからいつか必ずご両親

飛翔　H.20 11. 28　特別号

飛翔

発行
立川七中生徒会本部
責任者
折笠菜月

めぐみちゃんと家族のメッセージ 横田滋写真展に行ってきました！！

先日私たちは横田滋さん・早紀江さんにご講演をして頂き、その後感想文を書きました。1年生は《13歳の感想文》として、有楽町マリオンで開かれる『横田滋写真展・めぐみちゃんと家族のメッセージ』の方へ送らせてもらい、展示させて頂きました。

写真展ですが、11月20日に七中生を代表して、折笠(2年)、木田、田平、浜中、石澤(以上3年)で、佐藤先生の引率のもと見学に行って参りました。

会場には、滋さんが撮影をした、めぐみさんが生まれた時から、拉致をされる前までの様々な場面で撮影されたものが写真が展示されていました。

写真展の見学後、横田さんご夫妻と対談する機会を設けてくださり、他の中学・高校生(45名)と共に参加し、質問などに答えていただきました。

ご夫妻は、みなさんも知っての通りとても優しい方で、どの質問にも丁寧に答えてくれました。

ご夫妻とお話しをして、たくさんのことを学んだり、感じたり、考えることができ、様々なメッセージを受け取ることができました。

私たちが、横田さんご夫妻から頂いたたくさんのメッセージを私たちなりにまとめ、七中生全員に届けたいと思います。「家族愛」「私たちにできること」というテーマを中心に書かれています。ぜひ読んでください。

（担当　石澤　早織）

私たちが行ってきました！
横田さんご夫妻とぱちり☆

拉致問題

「拉致」は絶対に許して良いものではありません。拉致は被害者の方はもちろん、拉致被害者の友人など多くの人を傷

つけ、苦しめ、悲しめます。この事は、横田さんご夫妻のご講演や、配布された資料、ビデオ等でもうわかっていると思います。

横田めぐみさんが北朝鮮に拉致をされてからもう31年が経ちました。七中は今年度で31歳。めぐみさんが拉致をされた時にできました。そう考えると、めぐみさんが拉致をされてからどれ程の時が経っているのかがよくわかります。

拉致被害者の方は北朝鮮で家族の居ない苦しみの中、北朝鮮工作員に日本語を教えたりします。病気になってしまっても、しっかりした病院ではなく、隠され、監視されるようにして過ごすようです。拉致問題が解決するために、拉致をよく知り、解決をみんなで願い続けましょう。

（担当　折笠　菜月）

横田さんご夫妻に気になることを聞いてみました！

Q1　首相になってほしいのですが、国会議員に立候補する予定はありますか？

A1　2人でそういう話しをした事もあったけど、私たちには、向いていないのでありません。

Q2　北朝鮮に行って金正日に会おうと思ったことはありますか？

A2　金正日に会うのはとても難しい。小泉首相が会えたのも奇跡に近い。だからその時もっと強く、日本の父として交渉してほしかった。

Q3　今日本政府に求めることはなんですか？

A3　拉致問題が解決しない限り、北朝鮮との国交正常化は成立しない。」と言う考えを貫き通してほしい。もっと交渉を密にしてほしい。

ほかにも様々な質問に答えて頂きました。横田さんご夫妻、どうもありがとうございました!!

（担当　浜中　葵）

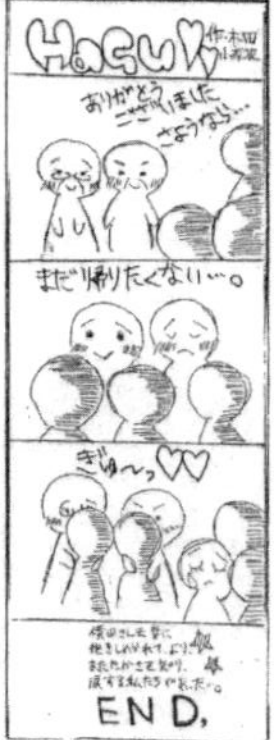

めぐみちゃんと家族のメッセージ

家族の永遠の愛

今私達は毎日当たり前のように家族とすごしています。

毎日親は、私たち子どものために、仕事をしたり、家事をしてくれます。

それは**当たり前のようですが、当たり前のことではありません。**

横田さん一家は家族で一緒に生活したくてもできません。

毎日の生活の中で親に怒られたりして嫌な気持ちになることがあるかもしれません。でもそれはすべて親の愛情なんです。子どもにたいする愛がなければ叱るなんてそんな疲れることしないでしょう。

「子どもが嫌いな親なんていないんです。」早紀江さんが教えてくださった。

私たちは親の愛情に感謝しなくてはいけない。

早紀江さんは私たちに伝えてくれました。

「お母さん、お父さんと喧嘩してもいいんです。裸でぶつかり合ってください。」と。

今、家族といれるのは、**奇跡に等しくありがたい**ということを多くの人が少しでも心に留めておいてほしい。

（田平 舞姫・石濵 早織）

詩「めぐみ」　太田 小夜香

めぐみ 見ていますか？
この大空を…
東京にぽつんと光る
あの美しい月を…
きっと繋がっていることを信じて
母は、父は、ここで見上げています
教えて下さい神様
あの子は今…
どこにいるのか何をしているのだろうか…
めぐみ、あなたは私の宝物です
あなたが生きているなら
私は、命絶えることはないでしょう
もしも願いが叶うのなら
もう一度声を聞かせておくれ
その美しい顔を見せておくれ
父は…母は…
待っています
ずっと…

解説
七中で行なわれた講演会で早紀江さんが「私、必ず空を見ます。あの月しか私達の繋がってるところはない」とおっしゃっていたことをもとに、私が同じ立場なら…と考えて書かせていただきました。

今、私たちにできること

めぐみさんが姿を消してから31年、拉致された事が分かって11年、横田さんご夫妻は「早くめぐみを助けたい!!」「めぐみに逢いたい!」という一心で救出活動を続けていらっしゃいます。それでも街頭に立ち一人一人に頭を下げて署名活動をされていたご夫妻の前を素通りして行く人、「もう生きてねえよ」などと酷い言葉を投げかけた人もいたそうです。私たちはその話しを聞いて、怒りの気持ちでいっぱいになりました。「愛するわが子を助けたい!!」と親なら誰だって思うはずです。それなのに、人の心を踏みにじるような事をするなんて許せません。私たちも横田さんご夫妻に協力したい!という思いが強くなりました。

そこで、中学生の私たちでもできることを精一杯考えてみました。
★拉致問題について、もっと知識を増やし、関心を持ち続けること。
★もっと家族を、命を大切にすること。
★署名活動などの拉致についての活動に積極的に参加すること。
★毎日、一生懸命生きて、友達・家族とハダカでぶつかり合うこと。
これなら、私たちにだって、できるはずです。拉致問題を解決するには、私たち日本国民一人一人の協力が必要なんだ!!と強く感じました。

（折笠 菜月・浜中 葵）

☆あとがき☆

（折笠 菜月）

今回の新聞は横田さんご夫妻との対談・取材で得たこと、分かったことをまとめたものです。皆さんに拉致について関心を持ってもらい、もっと知識を深めてもらえたら嬉しいです。拉致問題は、拉致被害者の家族だけの問題ではありません。これからを担う私たち若者が、もっと真剣に考えなければなりません。この新聞を読んで、皆さんもしっかり考えて下さい!!

の神様も必ずお2人に微笑んで下さると信じています。（野坂）」

「最後にみんなで握手をして下さった時、早紀江さんが私に『ありがとう。めぐみが帰ってきたら絶対ここに連れてくるからね！』と涙ぐみながら言ってくれたことが忘れられません。その言葉を私は一生忘れません。（笹島）」

「1つの命も多くの命も同じ重さだと学んだ。横田さんご夫妻は、世界にたった1つしか無いめぐみさんの命がとても大切だから今まで一生懸命活動してきたと思う。（金坂）」

「ただいまという言葉の大切さ、命の尊さを学びました。命のバトンタッチという使命を忘れません。めぐみさんは『ただいま』と言ってくれるはずです。（柴田）」


「行ってきます・ただいまと言えることがどんなに幸せなのか改めて実感した生徒」「人の気持ちを考え今という時間を大切にしていけるご夫妻の様な優しい心を持った人になりたいと感銘を受けた生徒」「名誉や地位・自分達のことばかり考えている様な人ではなく周りの人に思いやれる心・広く素敵な心を持った人になりたいと強調した生徒」「本当の平和とは、武器や権力に頼らず優しい心・許す心を持つ人と人が向かい合っていけることだと説明した生徒」全校生徒は、この様に多種多様な心の成果を脳裏に刻み込んだ。しかし感銘を受けた後の行動が大切であることは自明である。

（2）2008年　第2回講演会

２００４年から２００７年にかけて、様々な原因による若者の自殺が報道されていた。「子は絶対に親より先に死んではならない」という理屈抜きの鉄則を知らない中学生も一向に減らないなか、生徒達が再びご夫妻による命の声を聞き、親が13年間子を育てるということがどれだけ大変なことかを改めて感じる機会に恵まれた。特に今回は、当時のめぐみさんと同年齢である中学1年生が中心になって書いた作文が、都心の展示会場で公表された。さらに社団法人海外広報協会から声がかかり、１週間連続でラジオで朗読してもらった。これは、首相官邸ＨＰのＵＲＬより「ふるさとの風」という番組内でも紹介された。

（生徒感想文）

「僕はこれからの人生、親や友達を大切に、全てが貴重な時間だと思って生きていきたいです。（葉山）」

「贅沢の本当の意味は家族と会話でき勉強などが普通にできることです。（森）」

「今めぐみさんは何をしているんだろう。帰りたい、助けてお母さんと毎日願っているのだろうか。いつかご両親が『長い部活だったたね、お疲れ様！』と言って空港で迎える日が来ることを心から祈っています。（岡村）」

早紀江さんは疲れ果てた状態でも、毎回真剣な眼差しで叫ぶ。「一刻一刻助けを待っています。まだ溺れたままです。溺れた人がいれば、私達はすぐにでも手を差し伸べるのではないでしょうか。他の色々な用事をまず置いて、飛び込んで助けるのが人の心ではないでしょうか。私達はどんなことがあっても倒れることはできません。」

この様な親の執念・真の愛情に接し、心が動かされない生徒はいない。そこには理屈を超えた親の信念と誇りがあり、「本物の教育とは何か」我々教員も深く学んだ一日であった。

(3) 2011年　第3回講演会

横田さんご夫妻の時間が許される限り、3年毎に講演会を開ければと思いお願いした。今回も総合的な学習・社会科の授業で念入りな事前学習を校内でお願いした。受験で忙しい中、3年生有志が中心となって生徒達自らが台本を作り、めぐみさんの叫び声を中心とした劇も初めて企画した。放課後練習・運営・方法は全て生徒に任せた。同時に50人の有志による合唱も、音楽科の協力を得て最も熱を入れて継続した。今回も生徒達から詩を多数募集し、ようやく完成した手作りの詩を歌の中に取り入れ、語り・朗読として採用した。国語力がある優秀な生徒は勿論、成績が悪くても、詩的センス抜群の生徒が多いことにも驚いた。社会科の芝田実教諭・津田孝教諭・音楽科の三好佳代子教諭には連日大変お世話になった。

当日は、ご夫妻を含め会場中のすすり泣く音が最も凄まじかった。同時に感情が入りすぎて歌や語りの生徒が声を詰まらせる場面もあったが、最後は会場を感動の渦に巻き込んだ。生徒達の成長ぶりに頭が下がり、心打たれる講演会であった。

〈生徒感想文〉

「人間は人の人生の道を大切にしている者と、人の人生の道を大切にせず消してしまう者がいること、そして毎日の普通がどれだけの人生の苦労・犠牲の上で成り立っているかを知りました。（小川佳緒理）」

「めぐみさんはいつも空を見ている。絶対見つける。見つかると信じてる。いつも心と心を繋いでいる。いつも一緒にいたい。何年経っても忘れない。（保原優治）」

「人生は1度だけです。やりたいことを人生の中でやります。人生があれば誰だって夢を持ちます。その夢を消す人は自分の人生を捨てている人です。（山門悠人）」

「何事も諦めない気持ちを持ち続けたい。署名活動に積極的に取り組み最後まで諦めないでめぐみさんが必ず生きて帰ってくる様に信じ生きていたい。（中村勇舞）」

「家に帰って無意識の内に涙がこぼれて止まらなかった。お2人は気取ったり偉ぶる様子もなく、『私達は親として当たり前の事をしているまでです』と言い切った。我が子を思う気持ち、温かい手、優しい笑顔を一生忘れない。（中村真由瑠）」

「北朝鮮の人達は私達と仲良くしたいのかもしれない。そうであれば、その方法は間違っているよと教え、手を差し伸べ共に前進していく必要がある。（山﨑真穂）」

「自分から見たら当たり前のことが、他人から見ると当たり前ではないことがある。自分達はある程度自由の身であり何も怖がることはないけど、めぐみさんから見たらきっと自分達の今の姿は最大の幸福であり、喜びだと思う。（黒川隼之介）」

「『長い間心配かけてごめんね、もうすぐ帰るよ』と叫んでいるめぐみさんは誰よりも心優しく、もう拉致されたことは恨んでないと思う。（林わかな）」

「今日の講演で、これからの人生が大きく変わるきっかけになった。この人権問題をしっかり受け入れ、今自分が何をすべきか、この問題とどう向き合っていくか、しっかり考え続け行動していこうと思った。（佐野清）」

「署名活動を立川駅で行ったことがありますが、やってくれる人としてくれない人の言動に著しい差があって、すごく大変でした。ご夫妻を尊敬します。（川野未来）」

「この問題の怖さ、悲しさ、辛さを感じました。私も署名活動をしたことがありますが、すぐには集まらなくて大変でした。ご夫妻が何年も続けているのは、それだけ早く家族全員で暮らしたいと強く願っているからだと痛感しました。（小林愛）」

「『人生は一瞬で変わってしまう、何も無いことが幸せ』という言葉、ご夫妻が涙を流して創作劇や合唱を聞いて下さった、共に過ごした時間は一生忘れません。（浅利はるか）」

「今まで総合の授業で大体分かっていたつもりが、実際に現実に起きた体験談を聞くと真実に目覚めた思いです。何かあったら立川七中が助けに行きます。（住田伊織）」

「早紀江さんが悲しみに耐えながらひたすら神様に祈っていたこと、北朝鮮市民を憎んだり深い嫌みを持ったことはなく、それがとても自分でも不思議に感じていることが印象的でした。（手塚光希）」

人は身近であればあるほど気づかず、失って初めてそれがかけがえのないものだったと悟るものであり、失ってからでは遅い。今の当たり前の生活に感謝していきたいという主旨の内容が今回も多かった。また、親にも感謝だが、神様にも『命というものを貸して下さり有難うございます』という気持ちで、将来人の役に立ちたいと宣言する生徒もいた。特に日頃親に反発し問題行動を繰り返す生徒が感銘を受け、「家族はなくてはならない存在であり、共に笑い、共に涙を流せる家族がいることを誇りに思い、一緒にいる時間を大切にしたい」と誓った生徒もいた。

【4】横田めぐみさんとの文通

この25年間、総合的な学習の時間を頂いて、幾度か拉致問題についての学習を行ってきた。内閣官房拉致問題対策本部から、何度も講師をお呼びし、学習会・質問会を開き、興味関心を高める機会を設けた。「拉致問題は長い間なぜ解決されないのですか?」という質問が頻繁に出た。同時に、総合の授業でも納得いく説明を求める生徒も増えてきた。この学習を通して、「これから自分達は何ができるのか、今この時代で考えていかなければならないことは何か、今後どういう中学校生活を送っていく必要があるか、この時代に何を残せるのか」。毎時間、様々な取り組みで生徒達は常に模索・思考し続けた。

その中で生徒達が特に力を入れたのが「めぐみさんとの手紙のやりとり」だ。これは、ネットや図書館でこの人権問題についての資料を集め調べていく途中、生徒達自らが取り組もうと発案したものだ。めぐみさんが帰国した時に読んで欲しいもの、今直接本人には送れないが、自分達の取り組みや信念が必ずいつか伝わるはずだと信じているものなど多様である。10月5日のめぐみさん誕生日直前には、生徒自ら作成した誕生生カードを有志が書いた。全てご夫妻に送付したが、以下はその一部である。

（手紙・誕生カード）

「誕生日はみんな何となく意識してしまう日です。楽しい日でありますように。帰ってきてほしいです。どんなことをしても神様はもう怒りません。どれだけの思いをしたのか、同じ年にこういうことになってしまって勝手に自分と重ねてしまいます。めぐみさんは日本の代表です。（田中菜々美）」

「誕生日は年に1度しかない、親と子が繋がりを確かめて幸せになる日なので、めぐみさんも心の中で思って温かい気持ちになっているはずです。離れていても親子の絆は変わるものではありません。希望を持ち続けて下さい。（小島望）」

「突然いなくなってから、一生懸命捜した人が大勢います。めぐみさんを想って泣いた人が多くいます。だからその人達のために生きて下さい。その人達が笑っていけるよう生きて下さい。そしてめぐみさんも笑って生きて下さい。（橋口未緒）」

「私と同じ中学1年の時にいなくなった、その頃の夢・希望・信じる心がなくなってしまう最後の瞬間まで、自分の笑顔を見せためぐみさんは生きる本当の勇者です。（森谷瑠南）」

「生きていることを当たり前と思わず、生きていることに感謝しろと、先生に今日言われました。毎日平然と過ごしている私は、ほぼ命を捨てています。大切にします。（町田紗良）」

「私はめぐみさんが帰ってくることを信じています。と言うか、必ず帰ってきます！心の中ではいつでもめぐみさんがいます。笑っています。応援しています。（阿部華月）」

「最も学んだこと、それは決して憎しみを持たないこと、広い心の大切さです。（筒井咲葵）」

「めぐみさんも13歳の時から時間が止まってしまったのでしょう。だからご両親と3人で止まった時間をまた動かして下さい。（小林梨乃）」

「早く帰ってきて下さいではなく帰ってきてもらうために私達が努力しなければならないんですね。日本にいる全員が同じ気持ちなら絶対帰ってきます。（川上美波）」


1年生全員がめぐみさんへの思いを社会科で1枚の葉書に表現した「はがき新聞」が校内に全員分掲示された時は、まさしく圧巻であった。当然、各自が強い思いでめぐみさんの生存を信じていなければ書くことは不可能である。「心の底から信じ切ることの大切さ」「行動し続ける執念・勇気・忍耐力」「真の家族のあり方・親子の絆」について、生徒達は常に模索・思考を継続した。

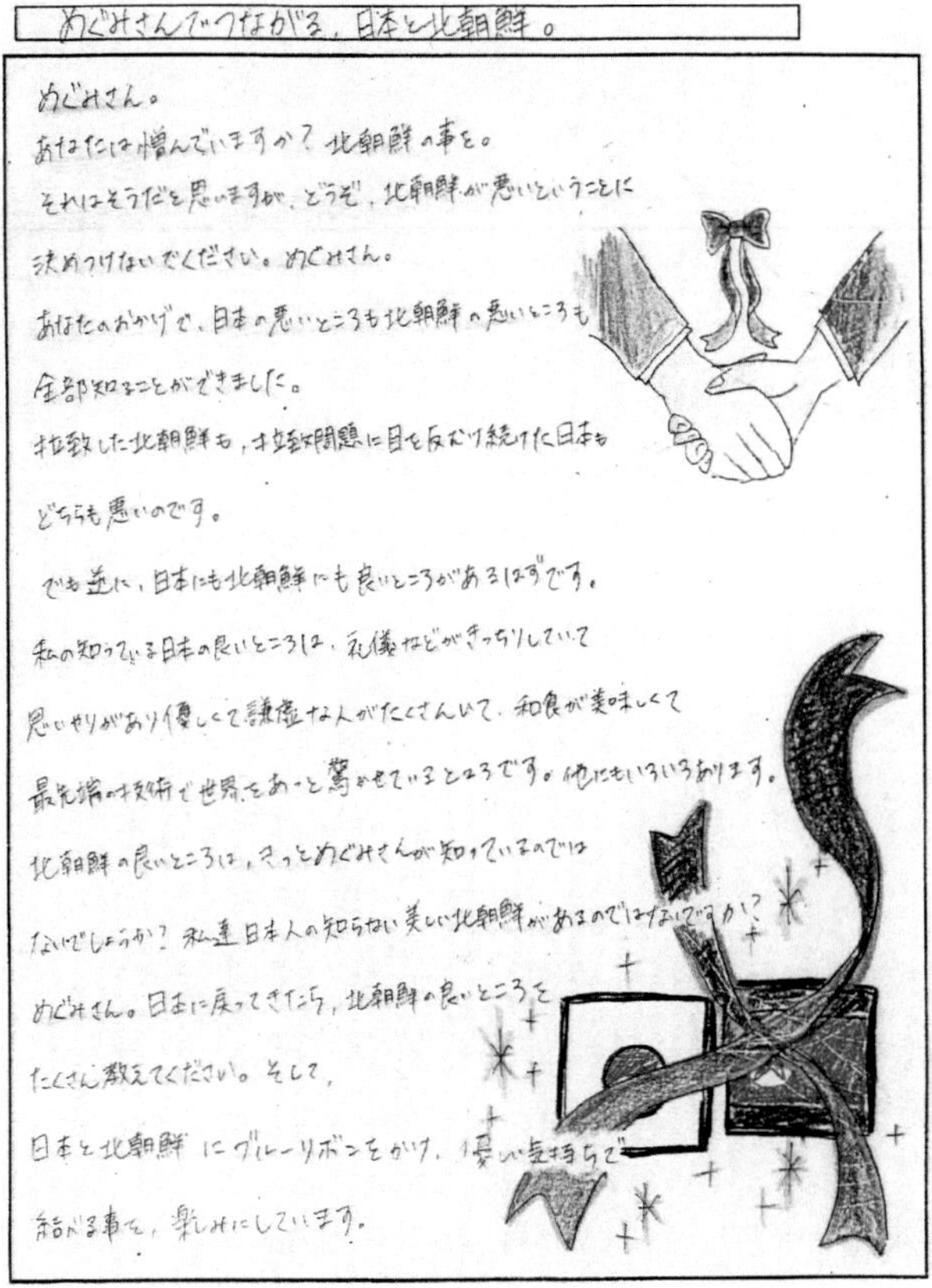
めぐみさんでつながる、日本と北朝鮮。

めぐみさん。
あなたは憎んでいますか？北朝鮮の事を。
それはそうだと思いますが、どうぞ、北朝鮮が悪いということに
決めつけないでください。めぐみさん。
あなたのおかげで、日本の悪いところも北朝鮮の悪いところも
全部知ることができました。
拉致した北朝鮮も、拉致問題に目を反らし続けた日本も
どちらも悪いのです。
でも逆に、日本にも北朝鮮にも良いところがあるはずです。
私の知っている日本の良いところは、礼儀などがきっちりしていて
思いやりがあり優しくて謙虚な人がたくさんいて、和食が美味しくて
最先端の技術で世界をあっと驚かせているところです。他にもいろいろあります。
北朝鮮の良いところは、きっとめぐみさんが知っているのでは
ないでしょうか？私達日本人の知らない美しい北朝鮮があるのではないですか？
めぐみさん。日本に戻ってきたら、北朝鮮の良いところを
たくさん教えてください。そして、
日本と北朝鮮にブルーリボンをかけ、優しい気持ちで
結ばる事を、楽しみにしています。

【5】人間力・感性を高めた中学生

横田めぐみさんの写真展会場に、幾度か訪問した。そこには彼女が小学校時代に「もうすぐ帰るからね」と、両親と双子の弟へ向け旅先から家族に宛てた、優しく温かい字で書かれた1枚の葉書が展示してあった。娘が異国の地からいつか必ず日本へ帰ってくるであろう日を、長年ずっと祈りながら待ち続けるご両親の姿を想像しているのか、多くの者がその前で立ち尽くす。写真展にご夫妻がいる時は、生徒会や有志が代表で様々な質問をし、校内の多様な新聞記事にしてまとめてきた。「平凡で何も無いことが幸せ」「命は自分だけのものではない」命の感性を記事や作文に表現する生徒や、命愛しむ美しい日本語を真剣な眼差しで書く生徒も、学力問わず着実に増えた。これは多くの教員の協力の下、拉致問題に関する学習を長年継続して頂いたお陰である。

また、本校では拉致問題とは全く別個のユニセフ街頭募金活動も併行して実施してきた。今まで様々な葛藤・批判もあり、罵られることもあったが、小さなことを継続していく中で真実を訴えていくしかないと考えてきた。何も実践しない者達の誹謗中傷を気にしている程、本校の生徒達は軟弱ではない。

この活動を始めることができた背景には、長年継続した街頭署名活動の実績と自信が根底にある。署名活動を継続してきた者達が先陣を切って周りをリードし、募金活動をスタートさせることができたのだ。署名でも募金でも共通する心構えは、「笑顔で何度も最敬礼を繰り返し、理不尽な仕打ちに遭っても耐える心を保持し、頂いた真心には倍返しで感謝を全身で表現する。」以上３点である。要するに署名活動や総合の時間で得られた、この先社会でも通用する「人間力・命の尊厳・感謝力」の伝統がなければ、累計２１００万円以上に達した募金活動の継続は難しかったと考える。

【第４回講演会を終えて】

ご夫妻による講演会を開かせて頂いた。お２人の優しくも時に毅然とした語りの中から、長年の家族愛・めぐみさん生存への信念が、今回も揺るぎなく伝わってきた。

この講演会に先立ち、事前指導で「命」という文字を別の漢字で表現する課題を出した。

生きるとはすなわち、全てに感謝すること、苦難を超えること、希望・未来を語ることなど多種多様であった。人の命が失われたら「国」でなくなる、めぐみさんが戻ってきたら日本は「変」わる、ご先祖様やこの世からの様々な「恵」こそが命だと記した生徒も印象的であった。本校の中学生達は、命に対する思想・感性を高め尊び合い、めぐみさんが帰国する瞬間を、一切の疑いも無く強く信じ切り待ち続けている。「めぐみさん帰国祈願の気持ちを胸に抱くだけでは何も始まらない。自分達からその意志を発信できるよう今は勤勉を重ね頑張る。」と宣言する生徒もいる。世間には、この様な純粋性を冷めた目で見る大人もいる。真実真相がどうであれ、学校という所は何事も諦める心を教える場ではない。津波や地震で危機的状況になったら、命の炎が消えそうになったら、末期癌でもう人生の終わりだと思っても、それでも逆境を乗り越える心、決して最後まで諦めない精神力を育むのが学校という場である。

講演会を筆頭とする本校の総合的な学習は、社会科・音楽科教員を中心に、全教員の協力を得ながら進めてきた。普段の授業では目立たない生徒が、自ら率先して活動し、人間的成長を遂げていく姿を見ると感動を覚える。

署名活動に関してもよく周りから誤解されたが、日本という平和な国に住んでいる私達が憎しみを超えて、被害者救出のためにも力を尽くすべきだと、真摯な気持ちで世間に訴えているだけである。講演会での涙の合唱や語りも同様である。

「日本のために横田さんご夫妻が神に選ばれたのではないか」という講演会の感想があった。早紀江さんは、悲しいこと・理不尽なこと・生きていく限りまとわりついてくる諸々のことを何一つ無駄なことはないと思い、毎日両国の平和を祈り続けている。

「私共もよくここまで生きて来られたことと、奇跡の様な人生です。」娘めぐみさんの帰国を長期間待ち続け、疲れてもなお、残りの人生を決して諦めることなく強く生き抜こうとする志が伝わってくる。

今まで様々な葛藤もあったが、めぐみさんが帰国し、本校や母校である寄居中学校へ登校する瞬間を見届けるまで、残された時間を限りなく濃く使っていく覚悟である。

2017年12月22日　Naturally ~当たり前~　特別号

Naturally ~当たり前~

発行
立川市立
立川第七中学校
1年2組29番
森 菜々子

宛先：13歳の横田めぐみさんへ
件名：伝えたいこの想い

十三歳のめぐみさん。あなたは今、どんな生活を送っていますか？ご飯を食べて、学校に行って。そんな、当たり前の生活を送っていると思います。でも、昭和五十二年十一月十五日。その日、あなたの当たり前の生活は崩れてしまいます。原因は、北朝鮮による拉致。北朝鮮の工作員に着くまで、怖かったと思います。私も自分がそうなったら、と考えるだけで怖いです。これから先、辛いこと、悲しいこと、たくさんのことがあると思います。でも、絶対に生きることを諦めないで下さい。前を向いて笑顔で、必ず日本に帰れると、信じていて下さい。有名なイギリスの劇作家はこう言っています。「運命は、最もふさわしい場所へと、あなたの魂を運ぶ。」と。四十年前に狂い出してしまった、めぐみさんの運命。少しずつ、少しずつ整っているはずです。「私は必ず日本へ帰る。」と信じて、願い続けて下さい。夢は願い続ければ絶対に叶います。私も、信じて、願い続けます。一日でも、一時間でも、一分でも早くめぐみさんが当たり前の生活を取り戻せますように。

信じる

努力の結晶

私は今、勉強を頑張っています。定期テストで平均90点以上、そして偏差値65以上を目指しています。めぐみさんのことを知って、当たり前のことを当たり前にすることができるというのは、皆が皆できるということではないというのが分かりました。勉強を当たり前のようにすることができるということに感謝しながら頑張ります。

響く言葉 心に届け

「生きるとは、絶望の中から希望を見いだすこと。」この言葉が私の頭を離れません。私は立川七中に入学して、拉致問題に目を向けるようになって、横田さんご夫妻に、たくさんのことを教えていただきました。一つは、「当たり前の生活を過ごせるということは、当たり前ではない。」ということ。そして、「信じることに意味がある。」ということです。他にもたくさんのことを私の心に留めています。本音を言うと、最初は拉致問題は自分には関係ないと思っていました。でも、だんだん、あの時めぐみさんが拉致されたのはたまたまで、自分にも起こりかねないということが分かりました。これからも言葉をたくさんの人の心に届け続けて下さい。

Thank!

私が今当たり前の生活を送っているのは当たり前じゃない。「当たり前」というものに感謝しなければいけないということをたくさんの人に知ってもらいたいと思いました。

横田拓也さんの講演を聴いて

（生徒からの声）

めぐみさんは1人じゃない！

めぐみさんは今、どんな思いで北朝鮮の空を見ていますか？　やりたいことが沢山あって新しい世界に胸をふくらませていたのに、とつぜんその幸せをうばわれ、悲しみや苦しみでいっぱいだと思います。でも、めぐみさんは1人ではありません。めぐみさんとめぐみさんのご家族の思いはいつもめぐみさんのそばにいます。

必ずどこかで、めぐみさんのご家族とめぐみさんはつながっています。それが、めぐみさんの存在なのです。いつも、めぐみさんの心の中にめぐみさんのことを思う家族がいます。そして、私たちと、めぐみさんの思いもつながっていると私は信じています。

私達は絶対にめぐみさんの思いを無駄にしません。めぐみさんが日本に帰国できるその日まで、本当の幸せをつかめるその日まで私達はめぐみさんを信じ、動き続けます！　めぐみさんは、１人ではありません。

めぐみさんの帰国を信じて。

私は、拓也さんの講演会を聴かせていただき、今目の前に家族がいることが本当に幸せなことだと気づきました。めぐみさんはご家族のみなさまにとってひまわりのような存在だった。という話を聞き、胸が苦しくなりました。私も大好きな家族がいて、私の家と何も変わらなくて。もし自分の家族が…？　と考えた時、辛くてたまりませんでした。目の前に家族が居て思いを伝えられるということに感謝しなくてはいけないと強く思いました。めぐみさんが一日でも早く本当の幸せをつかめるように。私も絶対にあきらめません。

めぐみさんの笑顔

きっと今もつらい状況の中にいて寂しいという思いがあると思います。ですが、その「寂しい」というマイナスな感情以上に「絶対に日本に帰れる！」という希望をもち続けていてください。私たちはめぐみさんをずっと信じます。だから、めぐみさんも私達を信じていてください。こんなまだ中学生でちっぽけな私にできることは小さなことかもしれません。ですが、小さな力も重ねていくうちに大きな力となるはずです。

私達が絶対に、めぐみさんを日本にかえします。だからめぐみさんは日本に帰国したら誰よりも輝く笑顔で早紀江さん・天国にいる滋さん・拓也さん・哲也さんを抱きしめてあげてください。めぐみさんという1人の命が日本に帰ってきた時、どれだけの人が笑顔になるでしょう。

暗闇の向こう側はいつも希望

めぐみさんは、今この瞬間も早紀江さん・滋さん・拓也さん・哲也さんのことを思い続けていると思います。「日本に帰りたい」「家族に会いたい」という強い気持ちをもち続けています。めぐみさんは、決してあきらめてなんかいません。だから私達もめぐみさんを信じましょう。暗闇の向こう側にはいつも希望があります。

めぐみさんへ

めぐみさん、こんにちは。めぐみさんが拉致されてしまってから45年が経ってしまいました。私が拉致問題について知ったのは、13歳の時、つまり、めぐみさんが拉致された当時と同じ年齢です。日本には、こんなにも恐ろしい問題があるのだと恐怖を感じました。何より、1人の人間の人生を一瞬にして奪ってしまった拉致を、家族を悲しみのどん底につき落とした拉致を決して許してはいけないという強い思いがこみ上げてきました。今、めぐみさんのご家族は、めぐみさんのことを一刻も早く助けようと、活動を続けています。日本では、本当にたくさんの人がめぐみさんの帰国を信じ願っています。誰も、めぐみさんのことを忘れたりしません。心がつながっていれば、いつかきっと日本への橋もかかります。いきなり知らない人におさえつけられて、知らない土地で暮らすことになって、家族とも会えず、きっと、今までずっと、つらい日々を過ごしてきたのだと思います。めぐみさんは強いです。たった1人で、今までの日々を耐えてきたんですよね。めぐみさんは、私に大切なことを教えてくれました。それは、「日常が一番幸せ」だということです。当たり前のように学校に通えるのも、家族と過ごせるのも、本当に幸せなことなのだと気づかされました。この「幸せ」に感謝して、これから先を生きていきます。

横田さんご家族へ

早紀江さん、拓也さん、哲也さん、こんにちは。私は今、めぐみさんが拉致された当時と同じ中学生です。家族が突然いなくなってしまったらと考えると、とてもつらいです。こうして想像するだけでもつらいのに、本当に起きたことなのだと思うと、どれだけひどい問題なのかが分かります。私は、1人の少女の未来を奪った拉致を許しません。同じ日本国民として、自分の問題として考えたいと思っています。そして、今、私にできることは、まわりの人に広めていくことなので、ほんの少しだけでも解決の手助けができるように呼びかけていきたいです。滋さんが、めぐみさんに会えずに亡くなったこと、本当に無念だったのだろうと思います。その思いを、私たちが受け継ぎ、拉致被害者の方々の帰国を実現できるようにしたいです。

早紀江さんへ。

こんにちは、3年の原田です。よく、拉致問題の沢山の動画を見させていただいています。最近は滋さんの思いが語られている動画を見させていただきました。亡くなられる最後まで滋さんの願いはめぐみさんを日本に帰らせたいという一つの願いだったと思います。その願いをはたすことができなかったのは私達が思う何倍もの苦しさだと思います。ですが、そういった今だからこそ、もっと多くの人が協力していかないといけないと思いましたこうして私達中学生が口で言うことは簡単なことですが、この思いを口だけにせず、行動を起こしていこうと強く思っています。
拓也さんと哲也さんは、子供の頃、両親の辛い顔は、あまり見たことがないとおっしゃっていました。本当は、子供の前でも、泣き叫ぶかもしれないけど私達の両親は子供の前では普通の様子だったという言葉が、深く心に残っていますその言葉から早紀江さんと滋さんの拓也さん、哲也さんに対する思いが伝われて来ました。めぐみさんを絶対に帰国させるという意志を感じました。そのような強い決意があるからこそ、今もこうして諦めないで、頑張られているのだと思いました。その姿勢を私達も見習っていかないといけないと思います。
先週の木曜日に、立川七中に講演をしに来てくださった時の動画を見させていただきました。これまで、子を育てるということはいかに大変なことか、愛情を持って一生懸命育てて来た娘が一瞬にして、この日本から消えてしまった悲しみは、まだ私達中学生は感じることができないと思います。ですが家族と普通に暮らせる幸せさ、ありがたさ、大切さ…その言葉で改めて家族と過ごす時間がいかに感謝するべきか気ずくことができました。拉致問題というのはこの世界で一番恐ろしくて、やってはいけないものです。ですがこうして、拉致被害者の方がいるかぎり、この問題は世界から消えることはないと思います。世界中の人間が力を合わせて、消していく必要があります。私もその中の一人となって、これからも、拉致問題について、深く知り、活動していきます。

立川七中卓球部3年女子　原田くるみ

横田 早紀江さん

滋さんが最後の最後までめぐみさんのことを信じ続けていたことを思うと、本当に悔しいです。涙があふれました。

でもきっと、
めぐみさん、早紀江さん、拓也さん、哲也さんを、
今も空から優しい笑顔で見守っているのだと、そう思います。

お二人のはたらきは、私を含め、多くの人が拉致問題を知るきっかけを作ってくださり、あたりまえのありがたさまでも教えてくださいました。

滋さんが信じ待ち続けた、これまでの日々は、めぐみさんの希望となっているはず。そして早紀江さんの愛は今も、めぐみさんに届いています。

私も共に信じます。信じ続けます。
そして拉致被害者皆さんの力になれる大人になります。

立川七中卒業高校二年　筒井 ゆり乃

1992年 広島
家族写真を見て、描かせていただきました

横田様

私は、めぐみさんが帰って来ること、ご家族の方と、めぐみさんが笑顔で再会できることを、ずっとずっと信じています。
信じ続けること、願い続けることしかできないのが本当に悔しく、毎日毎日、自分にできることはないか、何か、自分が変えることはできないのか、と考えるばかりです。
一度、早紀江さんに、頂いたジュースのお礼でお電話をさせてもらった時、本当に明るい声で、お話しをして下さったこと、元気づけてもらったこと、応援して下さったこと、忘れません。
私の大好きな、「未来へ」という歌に、「母がくれたたくさんの優しさ、愛を抱いて歩めと繰り返した。あの時はまだ幼くて意味など知らないそんな私の手を握り、一緒に歩んできた」という歌詞があります。
今も、必ず、どこかでめぐみさんはご家族の優しさ、愛を胸に、一生懸命生きていると、私は信じています。少しでも力になれればいいなと思っています。

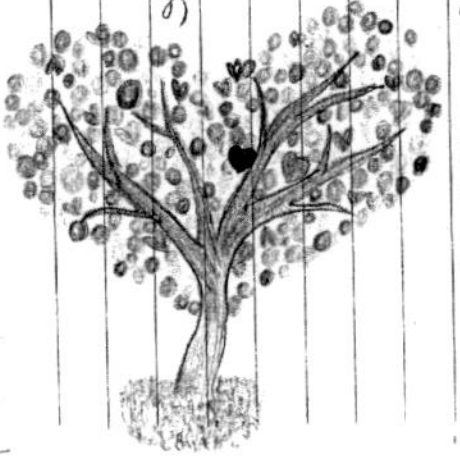

立川七中卒業　高校二年　北條 菜々子

横田めぐみさんからの手紙を何故中学生達が書いてきたのか

横田めぐみさんへの手紙は、拉致問題人権学習においての事前・事後学習で、今まで頻繁に何度も生徒達が熱心に書いてきました。中学生達の思いがどれだけ届くのかは未知の世界ですが、恩師である「芝田実」社会科教諭による1000以上の生徒新聞投稿掲載の中でも、めぐみさんへの思いは多数掲載・発信されています。

逆に横田めぐみさんからの手紙。彼女が異国の地で暮らし、13歳から45年もの間、何を思い、どれ程苦しい体験と想像を絶する辛さを乗り越え、何を思い、祈り、願い、叫び、語り、今も必死に一生懸命どこでどの様に生きているのか、想像力を働かせて考える授業も繰り返してきました。

中学生達がめぐみさんと純粋な心とこころを通わせ触れ合うことこそが、1人の人間として、そして中学生としての使命・究極たる心の教育と考えました。そこには、めぐみさんの生存を100%信じ切る心がないと当然一切書くことはできません。様々な疑いの心がある人にとっては、中学生にこんなことを書かせて何をやっているのだろうという思いもあるでしょう。長年の街頭署名活動で数十万の署名を生徒・保護者・支援者の方々と一緒に集めた時代も、何度も同じ様な言葉を頂きました。しかし人間誰でも一度きりの人生、そんな簡単に人の命を、人生を、負の情報だけを結集して決めつけて良いのでしょうか。あれ程大変な思いをしてきた横田さんご家族５人の努力と魂の結集に対する謙虚な心、誰もが通ってきた生まれたばかりの赤ちゃん・乳幼児の頃の純粋な心、殆どの小中学生が保持しているはずの一切疑わない心、人として本来存在する美しい心を皆さん、もう一度思い起こすことができないでしょうか。それとも後から、ほら見ろ言った通りじゃないかと、結果論をドヤ顔で言う社会人に成長させる様に教育することの方が正しいのでしょうか。

皆さんは、本当に心の底から困り果て、孤独と苦難に耐えられそうもない時、人生の限界に陥ったことが今までに何回ありましたか？　そして誰に何をどれだけ優しく言ってもらっても受け付ける事なく自暴自棄になっている時、この世で最も信頼できる人が泣きながら共感し、「大丈夫だから」と一言だけ呟いてもらい、何だか不思議に救われた体験はありませんか？　言葉は一切なく、温かい声をかけられることもなく、ただ傍に寄り添ってもらえるだけで助かった方もいるかもしれません。例えば最も大切な人との関係が全て断裂した時、人生を懸けた大切な試合で敗れた時、仕事で大失敗をして挫折後立ち直れない時、自分の病気が治らず一切希望が見えない時、もう駄目だろうとどこかで諦めていて絶望感に苛まれている時、何を言われても「もう無理」だという現実を心の中で充分承知していたとしても、その人から「大丈夫だから…」と言われ、何故か心から安心することができる、そんな信頼できる人が今まで身近にいませんでしたか？

「水も薬も毛布もない境遇に陥っている人は何億も存在し、世界では過酷な飢え・余命僅かな病気・厳しい災害・戦争などで、君より苦しんでいる人がいるのだからもっと命を大切にしなさい」「何千・何万のご先祖様から代々長年引き継がれた尊い命を決して粗末にしてはならない」「戦争で過酷な運命に陥った先人達に比べればそんな悩みなど大したことはない」このような一般論を泣きながら懸命に語り、人の心を変えよう響かせようなどと無理強いしたり、甘い期待を持たせているわけではありません。めぐみさんからの手紙を想像力をフルに働かせ本気で書き連ねる行為を通し、人の可能性を最後まで諦めず信じ切る感性・覚悟の心を培い、この人だったら信頼できる、心から共感して真意を受け入れてくれる、人生の軌道修正ができるかもしれないと感じてもらえる、そんな大人に、「この人だったら必ず…」という大人に、この先1人でも多くの生徒が少しでも成長していってもらいたいという思いだけです。年をとるにつれて確かに多様な現実を受け入れる機会は増えますが、この世にこの時代に同じ国で生まれた同胞の運命を、確かな証拠も無い中で、信じる心を示せない大人にだけはなってほしくない気持ちで溢れています。

自分の子どもが罪を犯し、世間から放り出されてこの世で孤独に陥っている時、暴れて怖がり近寄らず他人に任せる親と、非行に走り少年院を出ても更生せず再犯を繰り返していても、「この世で親である私しかこの子を救うことしかできない！」と親としての強烈な信念を持ち、刃物を持っていても、暴れ喚いて周囲がどんなに恐れていても、自分だけは我が子を抱きしめてやろう、更生させなければと、最後まで信じようとする親こそが、当たり前ですが信実を秘めた本物の親・人間です。

本校の生徒達は、世界中の誰もがこの問題から遠ざかったとしても、私達こそは最後まで絶対に諦めない、最後の1人になっても…という意志、めぐみさん帰国への思いを貫き通し、様々な活動に取り組んできました。その活動が嘘か真実かは、いつまで、どれだけ長期間、同じことを続けることができるかという忍耐力の継続次第だと考えます。

人は本当に苦しい時、もうだめかもしれないと思われる時、それでも今日を、今を、この瞬間を、1分1秒を生き抜いていくしかありません。どんな小さなことでも良いから一瞬一瞬を生き生かされ合掌し、そして翌日も次の日も「今を生きる」感謝を繰り返すこと、可能ならば些細なことでも良いので誰かのために何かができれば最高の人生に輝いていきます。綺麗事に聞こえるでしょうが、どんな言葉よりも、最後の1人になっても良いので、人の命を信じ抜く人間力を身に付け、いつまでも周囲から信じてもらえる大人に成長してもらいたいという思いに満ち溢れ、命の授業で横田めぐみさんからの手紙を書くようになり長い月日が流れました。

私達の思いが本物かどうかは横田さんご家族がよくご存知だと思います。そして生徒達の様々な作品に信実・信念があるか否か、ご覧になって頂けると幸いです。

めぐみさんからのお便り

大好きな家族の皆、日本の皆さんへ

お母さん、お父さん、拓也、哲也、お元気ですか？　最後に会ってからいつの間にか40年以上も経ってしまったね。45年間毎日「明日は皆に会えるのかな……」って思いながら過ごしていたのにまだ会えないままで、本当に悲しいし、辛いよ。

あの日、「なんであの時間に帰ったんだろう」とか「なんで私が…」とか沢山後悔をいまだにしてます。

早く家に帰って「ただいま」と言いたいし、「おかえり」と言ってほしい。当たり前の日常に戻ってほしい。私みたいに沢山後悔をしてほしくないから、お願いがいくつかあります。まず、今普通に生活ができていることや、周りの支えてくれている人に感謝をしてほしいです。そして拉致問題について絶対に忘れないでください。次の世代にも絶対に伝えてください。私は忘れられて、なかったことになるのが怖いです。私は絶対に日本に戻るのでそれまで待っててください。

めぐみより

世界中の皆さんへ

日本中の皆さん、世界中の皆さん、こんにちは。横田めぐみです。

私は、中学1年生の時に、北朝鮮の手によって拉致されました。私は、拉致をされた当時は、「怖い」「悲しい」などという感情があふれ出てきました。その感情はきっと、日々の当たり前がなくなったからこそ出てきたものだと思います。私は思いました。当たり前というものは当たり前ではないということを。これを読んでいる皆さんはきっと幸せであふれています。だから、今ある幸せを考えて大切にしていってください。「幸せ」というものは、自分がなにかを失った後に気づくものです。失ってから後悔だけはしてほしくない。そう思いこの手紙を書いています。私の場合は、家族や友人などの人々と会えなくなり、日々の感謝を伝えられなくなりました。そして、悲しさと後悔がどんどん心をむしばんでいきます。だけど、決して諦めてなんかいません。何度も心が折れそうになっても諦めていません。それは、みんなの顔をもう一度見たいという思いやもっと話したいという思いなど、それぞれ理由はありますが、一番強いのは、今までの「ありがとう」を伝えたいからです。私が拉致をされる前に、たくさんの幸せを私にくれました。だから、今度は私がみんなに幸せをあげる番です。友人や近所の方々、そしてなにより家族に幸せをあげたいと思います。そして、私の復帰を願ってくれる方々にも、「ありがとう」を精一杯伝えていきたいです。いや、絶対にします。私は、この国日本が大好きです。帰ってくるまで待っていてください。そして、私の「ただいま」をきいていてください。

私は皆に伝えたい

お母さん、お父さん、拓也、哲也元気ですか。私は元気だよ。

もう少しで帰るからあとちょっと待っててね。そして私は、多くの人に伝えたいことがあります。それは、親と一緒に過ごして笑ったり、泣いたりできることに感謝をすることとです。私は、13歳の時から家族に会えていません。世界には私のような人がいます。だから、家族と過ごせるあなたは「幸せ者」です。そのことを忘れないでください。次は、「幸せ」とは何なのかをもう一度考え直してほしいです。幸せとは、お金をたくさんもらえることなのでしょうか。自分の思い通りになることなのでしょうか。本当の幸せは、身近にあると思います。そして、すぐに諦めないでください。私は、40年間以上、家に帰ることはできていません。でも、私は一度も諦めたことはありません。諦めてしまったら、物事は何も進みません。だから、どんなに苦しく、辛いことがあっても、その中から希望を見つけてください。希望を見つけられるような人になってください。また、もっと自分の命について考え、大切にしてください。命とは神様からお借りした、とても尊いものです。だから、簡単に「死にたい」なんて言わないでください。私達は、生かさせて頂いているのです。そして、一生に一度の人生を後悔しないように生きてください。私のように拉致され、長い間家族に会えなくなるかもしれません。もし、そうなったら、後悔しない人はいますか。きっと、もっと一緒に過ごしていれば良かった。ありがとうなど感謝を伝えれば良かったと後悔してしまうと思います。だから、一秒たりとも無駄にしないように、かみしめながら生きてください。最後に私が伝えたいのは、「日常のありがたさ」です。私は一瞬にしてそれが奪われてしまいました。だから、今自分があたり前だと思っていることに感謝を忘れずに大切にしてください。

そして、家族のみんなへ

私は、もうすぐ帰ってくるから、諦めないで待っててね。笑顔でただいまって言うから、笑顔でおかえりって言ってね。私の事を絶対に忘れないでね。あともう少しで必ず帰るから。

特別賞「信じる力で」

〈2017 入選〉

東京都 立川市立立川第七中学校1年 **高木柚実凪**

今、日本は北朝鮮との問題を抱えています。最近はミサイルや核実験などがよく話題に出ていますが、拉致という昔からの問題をまず解決すべきではないでしょうか。

北朝鮮の工作員等によって拉致されてしまった方は何の罪もないのです。何の前ぶれもなく突然起きた拉致による行方不明の可能性がある方は八八三名もいるのです。しかし北朝鮮が認めた拉致被害者は十七名しかいません。その中の一人が横田めぐみさんです。四十年以上も前に忽然と姿を消しました。たった十三歳で部活帰りに拉致されてしまっためぐみさんは心細かったと思います。船倉に閉じこめられている間「お母さん、お母さん」と泣き叫び壁などを引っかき手は血だらけだったと言います。めぐみさんが帰らないと心配した早紀江さんは必死にめぐみさんを探しました。ひたすらめぐみさんの無事を願い探し続けました。それでも見つからないめぐみさんを思いご家族はどれだけの涙を流したのでしょう。きっと数え知れないほどの涙を流したと思います。めぐみさんが見つからないまま二十年が過ぎ、めぐみさんが生きているという情報が入りました。五年後、日朝首脳会談で北朝鮮は拉致を認め謝罪しましたがめぐみさんはもう亡くなっていると言い、二年後嘘の遺骨を提出しました。ご両親は心の底から激しい怒りがわいてきたそうです。大切な娘が亡くなったと言われ、悲しみと苦しみの中横田ご夫妻は署名活動や講演会を行いました。少しでも多くの人に拉致を知ってもらいたい。めぐみさんを助けたい。その一心で懸命に活動する中、横田ご夫妻の前を素通りしていく人がいたそうです。それでもあきらめないで活動を続けています。絶対にめぐみさんは生きて帰って来る。そう信じて本も出版しています。『めぐみ、お母さんがきっと助けてあげる』には、めぐみさんと離れた苦しさやつらさ、拉致と知った日からの活動が記されていました。私はこの本を読み感動しました。今もずっとめぐみさんを思いここまでやってきた横田さんご夫妻をすごいと思いました。

今私達に出来る事それは、限られているかもしれません。でも特別な事が出来なくても拉致に興味を持つだけで、拉致に対する考えが変わり、めぐみさんや拉致被害者を助ける一歩が踏み出せるかもしれません。めぐみさんは今、家族の事を思い、自由がない中で一生懸命生きています。政府は安倍総理が総理大臣である内に解決すると約束しています。めぐみさんが「ただいま」を言える日は絶対に来ます。今の日本はいつ戦争が起こるか分からないです。人類は百年で滅びると言われています。でも私達の信じる力で変えましょう。千年でも何年でも長く。信じましょう。めぐみさんが四十年遅れた「ただいま」を言える日を。笑顔で「おかえり」と言える日を。

表彰状

団体賞

立川市立立川第七中学校殿

貴校は政府拉致問題対策本部主催北朝鮮人権侵害問題啓発週間作文コンクールにおいて積極的に作文を応募し北朝鮮拉致問題の啓発に多大な貢献をされましたのでこれを表彰します

令和三年十二月十一日

拉致問題担当大臣 松野博一

政府拉致問題対策本部（文部科学省・法務省・外務省後援）による作文コンクール入選作品〈2017〉

拉致について関心をもってくれている皆様へ

私は今、北朝鮮にいます。最後に日本を見たのは、家族を見たのは、もう40年近く前のことになります。本当になってみないとどのくらい苦しいことなのかは分からないかもしれません。でも想像をしてみてください。私たち拉致被害者の気持ちを。お父さんやお母さん、兄弟たちもとても辛い思いをしたと思います。でも私は最後まであきらめたくありません。いつかまた日本で、家族や友達と笑い合えると信じて頑張ります!『信じ抜く』ことが大切です!

今、お父さんやお母さんは何をしているのでしょう。私のことを考えていますか。帰ってきてほしいと願っていますか。皆私のことを忘れていませんか。私は皆に会いたい。お父さんとお母さんに会いたい。どんなに辛い思いをしても私は日本に帰れると信じています。絶対にあきらめません。

めぐみさんの叫び

私のような被害者をもう日本から、世界から出さないで欲しい。

日本の方々へ

日本人に、私はもう一度なりたいです。かすかに覚えている本物の自分の家は、もうないかもしれません。つらいです。でも、きっとお父さんとお母さんは私の事を覚えてくれていると思います。だからここでも私は強く生きます。生きて、生きて帰れる日を待ちます。正直、こんなところに連れてかれて嫌だし逃げだしたいけど、もう北朝鮮をうらむ事ができません。北朝鮮も、1人1人の人間がとても素晴らしいことに気づきました。いつか、日本と北朝鮮の人々がつながりますようにと願っています。

私は、今日本のみなさんと同じ土地で元気にしています。私は、四十年以上みなさんと違う国にいます。私は、そこで、日本や世界のみなさんに伝えたかったことがあります。それは、「団結して、みんながみんな1つのことに向かっていかないと解決しないということです。そんな中帰国のため全力を尽くしてきます。

みんなが解決へと

自由な世界に生きるあなたへ

こんにちは、横田めぐみです。突然ですが、今、あなたは幸せですか?

私は今、日本にはいません。日本海を渡った所にある朝鮮にいます。中1の時に拉致されました。私は、今自由を奪われています。幸せではありません。

皆さんは今も尚、いつもと変わらない生活を送れていると思います。それは奇跡なのです。私は急に自由と家族との幸せな時間を奪われ、普段当たり前の生活ができなくなりました。ですから、普段当たり前にできることは奇跡だと思って下さい。その奇跡に感謝もして下さい。本当にありがたいことです。あと、今一瞬の時間を大切に悔いの残らないように過ごして下さい。あなたの身にいつどこでなにが起こるかわかりません。人生なんていつ終わるかもわかりません。目の前にいる人を大切にし、ひとときひとときを大事に生きて下さい。

最後に、私は再び日本に戻れることを信じて前向きに生きています。皆さんも、今を前向きに生き、私の分の幸せを感じて下さい。

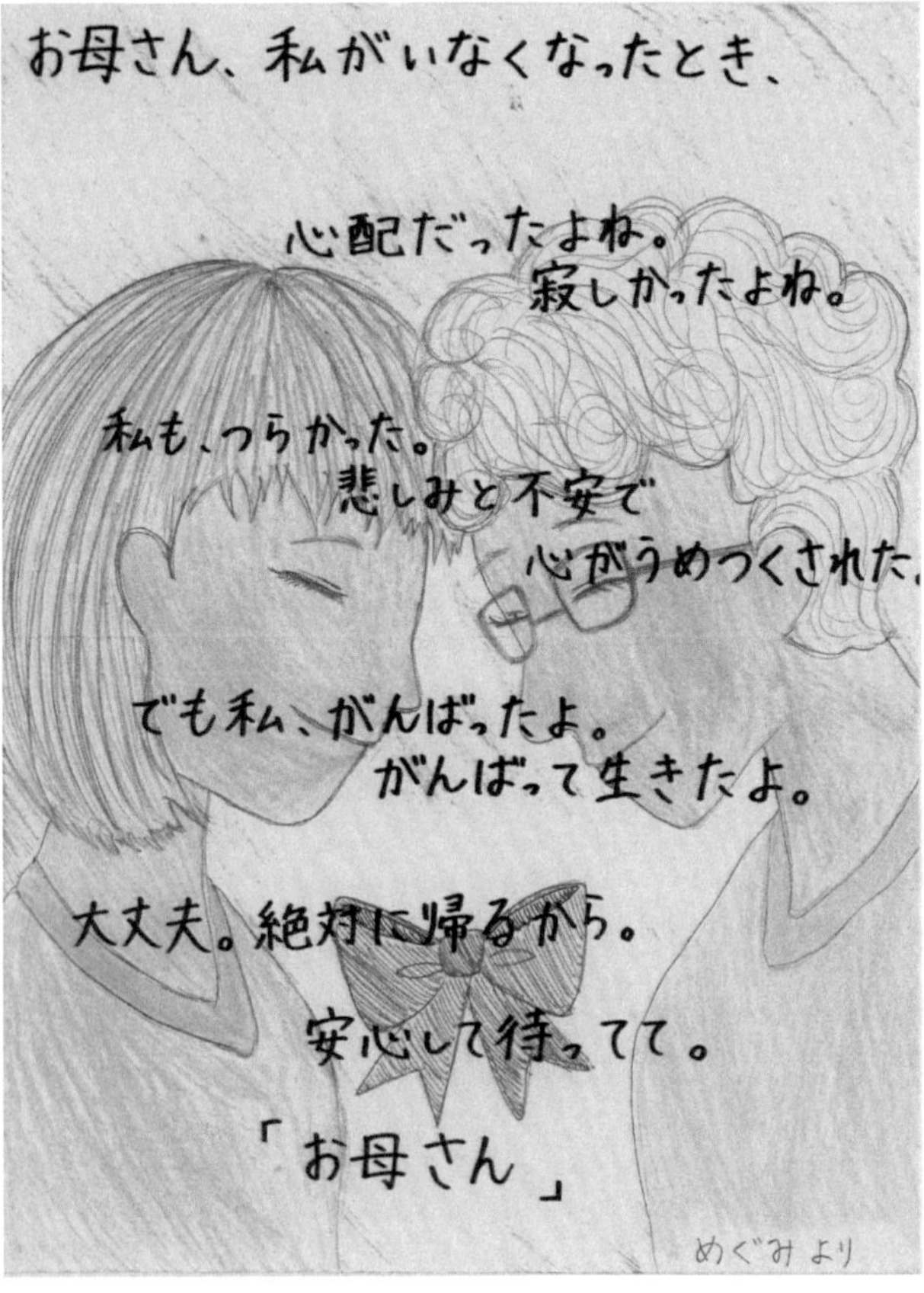
お母さん、私がいなくなったとき、
心配だったよね。
寂しかったよね。
私も、つらかった。
悲しみと不安で
心がうめつくされた。
でも私、がんばったよ。
がんばって生きたよ。
大丈夫。絶対に帰るから。
安心して待ってて。
「お母さん」
めぐみより

横田さんとの交流

平成30年10月5日の手紙

横田　滋　様
　　早紀江　様

　秋の日々が駆け寄ってきます。10月5日を迎えます。めぐみさんは未だ帰国を果たしていませんが、今年も2年1組の生徒、卓球部の生徒、立川七中の生徒達と共に言わせて下さい。

「めぐみさん、今日で54歳になりました。当たり前ですが、寄居中学校の同窓生達と同じ年齢です。誕生日おめでとうございます！　海を越えた日本から、遠いようで実は近い富士の国から、めぐみさんの健康・幸運・帰国・家族との再会を力強く祈念しています。」

中間考査期間中でしたが、1、2年有志が自分の意思で誕生カードを描きました。33歳の誕生カードは八王子時代の1年生の教室から、写真と共に贈らせて頂きました。つい昨日の様です。今回は入院している滋さんにも想いが少しでも通じるように、分かりやすく絵を描いた生徒が多くいます。

今までに多大なるご支援を頂いた、「内閣府の岡本様・小林様・荒木様・郷路様、産経新聞中村昌史氏、櫻井紀雄氏、いのちのことば社・ラジオ局・各報道機関の皆様、そして下村博文氏（元文部科学大臣）、中山恭子氏、平沢勝栄氏、加藤勝信大臣をはじめとする多くの国会議員の皆様方」国語科・馬場美奈恵教諭、信じる純粋な心を持つ卓球部の生徒達、皆心を1つに結集させ、残された時の積み重ねを愛しみ感謝し、何としてでもめぐみさんの帰国を果たすんだ！　と、一度誓った信念は決して曲げずに日々スクラムを組み祈念しつつ、できることは全て実践させて頂いております。一同決して努力を惜しまず、口にしたことは決して投げ出さず、初志貫徹、必ず家族との再会を果たして頂こうと、１９９７年に始めた絶叫と涙の署名活動の精神、拉致問題解決のための原点は少しも揺らぐことなく、念願叶うまで日々全力投球していく所存です。

色々な贈り物やお便りをいつも有難うございます。

横田さんご家族皆様のご健康を、一同いつまでもお祈りしています。

2020年6月6日の手紙

横田　早紀江様
　　　めぐみ様
　　　拓也様
　　　哲也様

滋様がご逝去されたという報道に接し言葉が出ず、ただ信じられず、夢を見ているような6月5日の夜でした。父親が新潟の日銀時代から大変お世話になり、何も恩返しもできず、悔しく悲しい、眠れない晩を過ごしました。ご家族皆様の悲しみは想像を絶することと思います。今はただ合掌し黙禱を捧げています。

1997年以降、拉致問題解決を求める街頭署名活動を頻繁に行い、いつ倒れてもおかしくない状態でも、めぐみさんの帰国のためにご尽力されました。寒さで震える雨の日も、猛暑や強風の時も、約100回叫び頭を下げれば1人は立ち止まってくれ、感謝しつつ活動の趣旨を最初から長時間に亘り説明を繰り返していた当初、しかし結局は署名してもらえないことの繰り返しでした。ビラを差し出すと暴言を吐かれたり、不信感・迷惑言葉を浴びることもありました。

生徒・保護者達は、色々な所で行いましたが、いくら苦しくてもいつも滋さんは笑顔で黙々と続けていました。仏様の様でした。最近は様々なインターネット署名が全国で行われており、タイミング次第では一気に拡散を繰り返し、自宅にいても大量に賛同者を集めることができる利点があり、時代は変わったのだと痛感、昭和世代にとっては侘びしさと共に驚愕している矢先の6月5日でした。

（中略）

実父（紀志雄）は昨年4月1日に旅立ち、滋様は実父と同じ家族の様な存在・思いで、心情的には深くお付き合いさせて頂きました。滋様のご人徳、お人柄、本当に人間としての憧れ、模範的存在、家族愛は日本一の父親像でした。心より尊敬していました。天国で実父と会って話し相手にでもなってもらえればこの上ない喜び、嬉しい限りです。本当に有難うございました。

日本一忙しいお父様、退職後も国を動かすという大役・大仕事、大変お疲れ様でした。男子は滋様、女子は早紀江様のような人生を歩むんだ！　と、これからも残された日々、教育・生徒指導に当たっていきます。

そして、いつでも空からめぐみさんを見ることができる「お父様の御霊」が、めぐみさんを日本に帰してくださらないかと、一同強く祈念しています。

いつまでも、心よりご冥福をお祈り致しております。

めぐみさん
希望

第23回立川市中学生の主張大会　市長賞受賞作品

今、願うこと

立川第7中学校2年　藤元絵美里

「何もないってことが幸せなのよ。」

そう言って握手をしてくれた横田夫妻の手は温かかった。なぜだかわからないけど涙が出てしまった。

今年の2月、私の通う7中に横田夫妻が講演に来てくださった。あれから半年、私に何ができるか考えた。中学生の私ができることは、主張作文を通して拉致問題に対する考えを多くの人に知ってもらい、支援の輪が少しでも広がるお手伝いができればいいと思い、この作文を書くことにした。

半年前の講演の中で、今でも忘れられない言葉がある。

「中学生の前で講演するのは初めてで、皆さんを見るとめぐみちゃんを思い出す。」

20年以上たった今でも我が子を思う、親の深い愛情を感じた。

私は、この講演を聞くまでは拉致問題についてほとんど知らなかった。しかし、講演をきっかけに拉致問題についてもっと知りたいと思い、横田早紀江さんの書いた『めぐみ、お母さんがきっと助けてあげる』を読んでみることにした。

この本には、めぐみさんがいなくなった日の事から、親としての苦しみやつらさ、拉致とわかった時の気持ち、それからの活動の日々がつづられていた。めぐみさんがいなくなってからの毎日、いくら希望を持って待ちつづけても帰って来ない、不安や悲しみばかり増えていく。そんな気持ちから早紀江さんは「もう死んでしまいたい」そう考えたこともあったそうだ。だが、なにも解決しないまま時間だけが流れていった。そこに、「めぐみさんは北朝鮮で生きている」という知らせがとびこんできた。横田夫妻がその知らせを聞いたのは、めぐみさんが姿を消した昭和52年11月15日から20年たった平成9年1月21日の事だった。そして、もう一つ重大な事実、それはめぐみさんが「拉致された」という事であった。それからは署名活動、講演会を行ったり、拉致された人たちを救う会を作ったりと忙しい毎日を送っていた横田夫妻。

また、この本の中でとても印象的な部分がある。「めぐみは暗い船倉に40時間以上閉じこめられ、北朝鮮に連れ去られた。船倉にいる間じゅう『お母さん、お母さん』と泣き叫び、あちこちをひっかいたため、爪がはがれそうになり、血だらけだった。」めぐみさんはどんな思いで船倉に閉じこめられていたのだろう。きっと何が起きたのかもわからずただ叫ぶことしかできない、そんなもどかしさでいっぱいだったと思う。しかし、この状況の中でめぐみさんが北朝鮮に連れていかれたことを知った時はもう、20年以上たっていた。愛する我が子の消息がわかったと思えばこんなにむごい事を知ってしまい、どんなにつらかったのだろう。本人は「心の奥底からこみ上げてくる深い深い怒りだった」と書かれているが、本当はどんなに苦しい思いをしたのだろう。

私は、この本に出会い、今まで聞かされてきた多くの事実を知った。今日まで平和に暮らしてきた私にとって、衝撃的な内容であり、とても多くのことを教えてもらった。

26年前、めぐみさんは、「いってきます」を最後に、横田夫妻の前から姿を消した。今は「拉致」という事実がわかり、救助活動が続いている。もう、横田夫妻個人の問題ではない。日本と北朝鮮、国と国との政治的な問題であり、去年から少しずつ前進しているけれど、すぐ解決するのは難しいだろう。だが、拉致された当時と同じ13才だった中学生の一人として言いたい。親が子に会いたい、子が親に会いたい、家族みんなで暮らしたい、そんなささやかな願いがかなえられないのはおかしいと思う。どうか、その願いをかなえてほしい。

早紀江さんが言った「何もないってことが幸せなのよ」その意味が少しわかった気がする。確かに私は毎日楽しいことばかりではない。でも、健康であり、毎日家に帰ることができ、親の顔を見る事ができる。会いたい人に会える。当たり前と思っていることがどんなに幸せか、そう気づかせてもらった。

講演会の時、横田夫妻がつけていた『ブルーリボン』。その意味は、「日本と北朝鮮を結ぶ空と海の色」。その意味のとおり、海を越えてめぐみさんと横田夫妻が再会できる日がいつか来ればいいと思う。

そして、私が温かいと感じた横田夫妻の手、その手のぬくもりをめぐみさんが温かいと感じる日が一日も早く来ることを祈ります。

全てを当たり前だと思わないこと

私は小学生の時、自分が生きていること、家族と過ごすこと、学校に行けることなど、全ては当たり前のことだと思っていました。でもそれは間違った考えでした。

めぐみさんは中学1年生のときに拉致され、家族と過ごす時間や学校に行ける日々を奪われました。

私のように日常を当たり前のように送れている人と、めぐみさんのように日常をいつも通り送りたいのに送れない人がいることを中学1年生（めぐみさんが拉致された時と同じ歳）で知り、

「全てを当たり前だと思ってはいけない」と思いました。

私たちが普段日常的にしていることは小さな奇跡と言っても過言ではありません。その小さな奇跡を幸せと捉え、毎日毎日を一生懸命、無駄にせず、感謝の心をもって過ごしたいと思いました。

めぐみさん、今どんな気持ちで朝鮮にいるのかはよくわかりません。ですがいつかは絶対帰国し、家族と再会できる希望だけでももち続けて下さい。私たちはめぐみさんが日本に帰ってくる時を待ち続けます。だから、自分を信じて前向きに強く生きてほいと思います。めぐみさんに幸せが訪れますように。

年　月　日　架け橋　特別号

架け橋

発行
立川市立
立川第七中学校
2年3組

傍観者にならないで

皆さんには大切な人はいますか？私には沢山の大切な人がいます。でも、もしその大切な人がある日突然いなくなってしまったら。私は想像しただけで胸のつまる想いで一杯になりました。傍観者にならず、この悲しい現実から目をそむけないずに、皆で力を合わせましょう。

海を越えて

めぐみさん、生きて下さい。いきなりですが、私も横田ご夫妻も一番に望んでいることです。希望を捨てず、毎日を私たちと一緒に生きましょう。寂しくなる必要なんてありません。日本にはあなたを毎日のように想っている人達が沢山います。すべてをささげ、あなたの生存を信じ続けている家族があなたにはいるのです。なので私たち、横田ご夫妻の一番の喜びは、めぐみさんが毎日を生きて海を越えても家族の絆で結ばれ続ける事ではないでしょうか？

そのためには、まず希望を捨てず精一杯生きて下さい。めぐみさんの「ただいま」横田ご夫妻の「おかえり」が聞ける日までめぐみさんの生存を信じ続けます。

信じ続けて。

前に立川七中で講演をして下さりありがとうございました。私は講演で学んだこと感じたことを家族に話しました。それだけなのに横田ご夫妻の手伝けになったと自己満足してしまいましたが少しでも力になっていたら幸いです。ですが直接めぐみさんの帰国に続がるか、といわれれば残念ながらそうではありません。でも自分達ができることはめぐみさんの生存を信じることだと思っています。なので、これからも信じ続けていきたいです。

あとがき

いち [redacted]

＊めぐみさんという人は1人しかいません。かけがえのない存在と意味も込めました。

昨年は9・17を…の年でしたが、皆様方には拉致問題解決のため例年以上に…心を頂き…有難うございました。

(中略)

当たり前の事ですが、命の重みというものは数字・式などというレベルで表すことはできません。１人の命も 100 万人の命も共に大切、愛おしいものです。命の尊さに国境は無く、もちろん北の人々の命も救ってあげたい気持ちは拉致被害者家族全員の願いです。

「何故署名活動に携わっているのか？」と何十回も今まで記者等に同じ事を聞かれました。まるで「何故あなたは生きているのですか？どうして山に登るのですか？魚はなぜ水中を泳ぐのですか？」と質問されているようでした。「もし自分が同じ立場だったら、もし自分が突然船底に監禁され、異国の地に連れていかれ今現在も帰国・救出を心の底から待ちわびているめぐみさんの立場だったら（どう考える？ではなく）どう行動しますか？」と、この６年間何度も問い返しました。自分と同じ通学路を歩いた近所の中学１年生が突然自宅近くで拉致されたということが１人の人間としてどうしても許すことができない！この思いは２５年間以上ずっと変わることはありません。日本全国の支援者の皆様方と同じ思いです。

明治神宮・靖国神社周辺、渋谷・世田谷などでビラを配りまくった昨年正月３日間、湯島駅の切符売り場の行列で、参拝後寒い中ポケットから手を出して受け取ってくれた拉致問題解決を訴えるためのチラシを食い入るように見入っていた 13 歳くらいの女の子の真剣な瞳が脳裏を横切ります。原宿駅前では某大学生が３０分後Uターンして戻ってきたかと思うと、温かい缶コーヒーと共に１０人分を埋めた署名用紙を笑顔…ました。時には心無い事を言われ、以前は冷たい視線を浴び…の方…大変有難く心に染み渡りました。

日頃の休日は部活動指導などで追われがちなため、…今年の正月も都内の他、近県にも足を運び広報活動に駆…

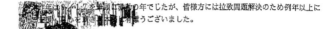

めぐみさんから学んだこと

廣田　千陽

１９７７年１１月１５日に何が起きたか知っていますか？おそらく誰もご存じないでしょう。しかし、ある女性の両親にとってはこの日は忘れがたい日なのです。その女生とは横田めぐみさんです。彼女は拉致被害者で今も行方が分かれません。今からこの拉致問題、横田夫妻の活動、そして私がお二人の講演を聞いて学んだことをお話します。

１９７７年の１１月１５日、学校からの帰り道、彼女は突然いなくなりました。彼女はまだ１３歳でした。両親、近隣の人々、警察は彼女を必死に探しましたが、手がかりさえ見つけることはできませんでした。

この状況が突然変わったのは事件から２０年たってからでした。めぐみさんが北朝鮮に拉致され、平壌にいたのです。そしてそれはめぐみさんだけでなく、多くの日本人が誘拐されたことがわかったのです。彼らは愛する家族のもとに帰りたかったのですが、その願いはかなわないまま、年月が経ってしまっているのです。

この事件に心を痛めた少年がいました。彼の妹がめぐみさんのクラスメートだったのです。それが佐藤先生、私の中学校の時の先生です。この拉致問題を自分のことと考え、この活動を支援しはじめたのです。そして先生は生徒に命の大切さを語りはじめたのです。

先生の努力のおかげで、横田夫妻の講演会が私の中学校で開かれました。私はその講演とそして先生の日々の授業から命の大切さを学んだのです。

この講演を聞いて私は何度も考えさせられました。「もし私が誘拐されていたら、」と。

考えてみてください。その恐怖は想像を超えます。しかし、私たちはこの事実から目をそむけてはならないのです。正直、私は横田夫妻の講演まで、二人のことは知りませんでした

しかし、その講演を聞いてから、自分の毎日の生活に感謝できるようになったのです。

毎日母のおいしい食事を食べられること、学校に行けること、友達に会えること。普通のことように思えますが、確かにそれは奇跡のようなことなのです。

「愛の反対は憎しみではなく、無関心なこと」これはマザーテレサの有名な言葉です。日本は物理的には豊かな国です。しかし、多くの人々が身の回りのことに無関心です。便利な世の中になりました。しかし、何も当たり前のことではないのです。だから私は普通の生活が送れることに感謝したいと思います。

めぐみさんは何のために生まれてきたのか、私は何のために生まれてきたのか。私には正しい答えはわかりませんが、めぐみさんは命の大切さを教えてくれました。私は先生になるという夢があります。その夢をかなえ、普通の生活を送るために、命の大切さや感謝の大切さを伝えていきたいのです。そうすることで、私が学んだことを活かして、後の世代に伝えていきたいと思うのです。

年　月　日　めぐみ新聞　特別号

めぐみ新聞

発行
立川市立
立川第七中学校
二年2組34番
篠崎和奏

日本の皆さん。
この拉致問題という事件を他人事だと思わないでください。たまたま場所と時代と時間が違っただけで、誰が拉致されてもおかしくなかったのです。だから目を背けないでください。一人一人の力が大きな力となります。

目を背けないで

メッセージ

めぐみさん。元気ですか。私はめぐみさんのおかげで、色々なことに気付かされました。その1つは、当たり前ではないという日常です。毎日学校へ通い、部活へ行き家へ帰り、家族と過ごす。そんな当たり前の毎日がおくれていることそれがどんなに幸せで、めぐまれていることか。めぐみさんは、今でも私のような中学生に色々なことを気付かさせてくれています。だから、ただ拉致され、無駄となったわけではありません。そして帰ってくると願い、応援している人がたくさんいます。私もずっと帰ってくることを願っています。

私は、めぐみさんと誕生日が同じということもあって、拉致問題を自分とかさね合わせて見ています。こんなにも長い間、家族と会えないなんて私には信じられません。

そして、こんな問題をおこした北朝鮮の人が許せません。でも私にできることは拉致問題を色々な人に伝えていくことだけです。少しくやしいです。自分のできることはやっていきたいと思っています。これからも頑張ってください。

めぐみさんを一文字で表すと、「強」です。心がつよく、私もそんな精神力がほしいと思ったからです。

星空がキレイだね〜
きっとそんな空を——
めぐみさんも見ているはずだから。
国が離れていても
つながっている!!
知って

2015年12月19日

幸せ

特別号

幸せ

HAPPY

発行
立川市立
立川第七中学校
2年2組47番
山下紗弥

お父さんお母さんへ

ごめんね。こんなに長い間、待たせちゃって……！でも、あとちょっとだけでも長生きしてね!! そしたら私日本国に帰られるから!! それまで楽しみに待っていてね!! 日本に帰って来たら色々な所に行ってたーくさん遊びたい!! そんな日が来るまで、楽しみにしているよ!! お父さんとお母さんの笑顔が増えますように!! お父さん、お母さん、大好き

めぐみさんへ

13歳のめぐみさんへ。あなたは今、どんな気持ちですか？悲しいやさみしいという気持ちだと思います。「私はどこに来たのだろう？」や「お父さんとお母さんに会えないのかな？」という不安な気持ちもあると思います。でも、大丈夫です。いつか必ず海をこえてお父さんとお母さんは向かえに来ます。大きく手を振って、涙を流しながらも笑顔で向かえに来ます。それまで、絶対に待っていてください。めぐみさんが私たちに勇気を与えてくれたお返しに、私たちみんなで拉致問題を解決させます!!はなれていても心は一つです。海をこえれば絶対に会えます!!空は同じです。雲があったり、雨が降ったり、虹がかかったり。必ず、帰って来て下さい!!お父さんとお母さんと一緒に日本に帰って来て下さい!!明日を信じて、幸せを信じて、自分を信じて、精一杯生き続けて下さい!!ずっと応援しています。めぐみさんの一刻も早い帰国を心から願っています!!

願う

お元気ですか？一年前は、講演会「命の授業」を行ってくださりありがとうございました。めぐみさんが北朝鮮に拉致されたとわかってから18年間、本当に辛く悲しい日々だったと思います。「めぐみは今、何しているかな？」「ご飯ちゃんと食べているかは？」などと、心配ばかりしていると思います。「会いたい」と願い続けて38年。その道のりはとてつもなく長かったと思います。私たちは、絶対にめぐみさんを助けます!!そして、めぐみさん、お父さんお母さんの3人で、七中に遊びに来て下さい!!

山下紗弥より

愛

めぐみさんは、色々な方に愛されて育ち、今も愛され続けています。めぐみさんに対する愛情があるからこそ、こんなに多く広まっているのだと思います。

ありがとう

1 めぐみさんと
2 私たちは
3 空と
4 心で
つながっています。

(題) 命がある意味の大切さ

「命があるのにはどんな意味があるのだろう。」「命があるのはなぜだろう。」最近の私の考えはいつもこういったことだ。ずっと疑問になっていたけれど今日蓮池薫さんの話を聞き完全ではないけれどわかった気がした。蓮池薫さんは今から15年前に北朝鮮の拉致から解放されて妻の奥土祐木子さんと共に日本へ帰って来た。それまでの間スパイや工作員の訓練として過ごす中唯一気づかされたものは「家族でいれる時間」だそうだ。私はそれを味わえるのは命があったからこそだと思う。けれど命を当たり前に思うことはできない。なぜならもし拉致問題がいまだにも続いていたら、もし私がその拉致に巻き込まれたらなどは「ありえない」と考えることができなくて、もし巻き込まれたら死と隣合わせになってしまうからだ。その体験を味わったからこそ辛い中で感じるかつての「幸せ」や「喜び」に深く気づかされるのだと思う。「命がある意味は何なのか。」これは意見はたくさん出ると思うが結局はそれに答えはないと思う。ただ何もない理由で私達は生かしてもらっている。それは誰だって同じ。だけどその中で「幸せ」も起これば拉致という「悲劇」だって起こってしまう。平等なのかは実際わからないのだ。でもそれを想像したり予想したりして対応すれば、それを「防ぐ」ことだって可能だ。私達は何も知らずに生きている、世界の苦しみを知らずに。その横田めぐみさん拉致事件だってその内の一つだ。でも最近のニュースの記事などを見るとアメリカもこの拉致事件に対して目を向けてくれている。それぞれの意見は違くてもどの国も必ず一つにつながっているのだ。「命の絆」というもので。意味はわからなくとも「世界の人と絆でつながるため。」、このために命があるのだと思う。でもこれは私の考えであり、「答え」ではない。でも今日の講演会により、この考えまでたどり着くことができた。

(題) 生かされている事に感謝

当たり前って何でしょうか。毎日普通に過ごす事が当たり前なのでしょうか。拉致されてしまった方々に当たり前なんてあるのでしょうか。私は、当たり前なんてないと思います。だから何事も「させていただく。」「ありがたい。」と感謝する事を忘れない事が大切だと思います。ご飯が食べれてありがたい。家族と一緒にいられるありがとう。色々なありがたみに気付く事が出来てこそ、生きていると言えるのではないでしょうか。拉致に合った方々は、生きる事に必死です。どんなに家族に会いたくて行動したくても、命の安全さを優先し思いとどまるそうです。私達は日頃から命の安全を考えているでしょうか。お互いの生存を確認する事は、ほとんどないと思います。そう考えると毎日普通に過ごせている私達は幸せすぎると思います。もしかしたら私が笑う頃に拉致された方が苦しんでいるかもしれないのです。下手をしたら死ぬかもしれない崖っぷちに立たされている拉致被害者がいます。生きているのに亡くなったとされた方が8人もいます。そんな方がいる中、普通に生きられるのに不満を言ったり、命を否定するような言葉を言ってしまう人がいます。そんな事をするのなら、少しでも早く拉致されてしまった方の帰国のために行動しませんか。横田めぐみさんのように、四十年も家族に会えていない方のために協力しませんか。一刻でも早く「ただいま」を聞きたいのです。拉致という自由を奪う事は、身近なものに感じられないかもしれません。でも、自分が拉致されることも十分にありえるかもしれません。だからこそ生きられる事に、いや、生かされている事に感謝するべきだと思います。そして拉致について学べる環境にいられる私達は少しでも早く拉致問題を解決するために、今ある指命を果たすために行動しましょう。せっかく命があり、生かされています。生かされている私達で拉致問題を解決できるのではないでしょうか。

こども霞が関見学デーに協力いただいた立川第七中学校の生徒の皆さん

酷暑の折いかがお過ごしでしょうか。

さて、去る8月1日、2日の2日間、とても暑い中、こども霞が関見学デーの運営を手伝っていただき、またその中で、加藤大臣がいろいろと体験するのを手伝ってくださり、さらには、加藤大臣と今後の小中学生等に対する拉致問題の広報・啓発の在り方について懇談し、中学生ならではの視点でアドバイスをたくさんいただき本当にありがとうございました。

皆さんのご協力に拉致問題対策本部事務局一同、心より御礼申し上げます。

担当として、純粋な気持ちで拉致問題の解決を願ってくれる立川第七中学校の皆さんがいればこそ、準備やリハーサル、そして本番に至るまで、全ての過程を皆さんと楽しみながら企画を進めることができました。

皆さんの活躍の様子は、テレビでも放映されました。もし見逃した人がいてはいけないと思い、生徒さんの分、ＤＶＤにしましたので、ご覧ください。

それと、こちらで撮影した皆さんの写真、さらには、８月１３日～２０日の間オンエアーしている、皆さんの声や歌声がたくさん入ったラジオ番組「ふるさとの風」をＣＤにしたのでこれも送りますね。

今回の皆さんの声のメッセージや合唱、そして何より、解決を願う純粋な想いは、日本海を越え、実際に北朝鮮に届いています。皆さんのような中学生でも、こうして、できることがあります。そのお手伝いをできて、加藤大臣も私達も本当に嬉しいです。大人の私達にとってもいい夏の思い出になりました。

そして、皆さんと協力できて嬉しいで終わらせずに、政府職員として全力を尽くし、拉致問題を解決していきたいと思います。

暑い中、佐藤先生、馬場先生、そして立川第七中学の生徒の皆さん、本当にありがとうございました。

２０１８年8月１６日
内閣官房拉致問題対策本部事務局　小林　仁
荒木　昌美

厚生労働大臣
働き方改革担当大臣
拉致問題担当大臣
加藤勝信

街頭募金活動17年間継続
～横田めぐみさん救出のための署名活動で培った社会性・人間力の結集～

２０１１年の東北大震災、当時現地では学校の教室や体育館が壮絶極まる遺体安置所となった。突然の津波に流され、空気を吸いたかったであろう、もっと生きたかったであろう、家族に苦悩を伝えたかっただろう人々の気持ちを、何度も思い出しては忘れてしまう日々を私達は繰り返している。戦争で犠牲になった方々や、今日この日この時この瞬間も異国の地で飢えや病気で亡くなっていく人々についても同様だ。ところで今の若者達は日々、命の問題について心からどれ程真剣に考えているだろうか。殺人事件や生命を軽視する言動・低俗なテレビ番組も絶えない。

無念にも理不尽な最期を遂げた方々は、現代の私達へ今何を訴え伝えようとしているのだろうか。挫折に負け、犯罪に手を染め、天命を放棄しようとしている人達に考えてもらいたい課題、そして日本人全体への必須たる人生の宿題ではないだろうか。

命を大切にする心は、見て聞いて感じるだけではなく、どんな小さなことでも体験・行動を繰り返して育まれていく。本校での数多くある実践の１つが、これから紹介する「東京街頭募金活動」である。

本校では拉致問題署名活動とは全く別個に、街頭募金活動を17年間継続してきたが、2020年春から遭遇したコロナ禍の影響で、東京五輪までに2020万という目標まで残り僅かというところで停滞となっていたが2021年に目標を達成させた。今までに、立川・八王子・国立・吉祥寺・新宿・渋谷・原宿・二子玉川・有楽町・御徒町・秋葉原・品川・東京・上野、計14箇所の各駅周辺で繰り返し行い、春夏秋冬、毎年100万円以上集めてきた。世界各地で厳しい境遇に苦しむ子ども達がいることを、卓球部の生徒や生徒会役員達が中心になって企画したのが始まりだ。

「世界では数秒に1人の割合で、5歳未満の子ども達が飢えや病気で命を落としています。尊い命の入場券を活用できずにこの世を去らなければならないのです」

「日本にいれば助かるはずであるアフリカの子ども達の泣き声に耳を澄ませて下さい」

「アジア100万人の1日分の食糧が東京都だけで毎日捨てられています」

「世界の子ども達の半数近くが極度の貧困、充分な居住環境が無い、安全な水が無い、医療を受けられないなど非常に厳しい環境にいます。皆さんの温かいお心遣いを宜しくお願いします」

冬は寒風が吹く路上で、氷点下になってもコート・マフラー・手袋を着用せず、制服姿で毎日4時間立ちっ放しで声を張り上げる。ポケットに手をつっこんで無視して通り過ぎる人、ビラを皺くちゃにして目の前で捨てる人、舌打ちして「邪魔だ、どけよ」と怒って去る人、「こっちの方が募金してほしいよ」と愚痴る大人、「声が大きくうるさい」と駅員に苦情を訴える人など心ない言動も多かったが、世間の冷たい風に負けずに街頭で訴え続けてきた。

これは１９９７年から継続してきた、横田めぐみさん達を救うための拉致問題解決に向けての街頭署名活動を長年実施してきた生徒達の努力・人間力の鍛錬によるものであることは繰り返し説明させて頂いた。

私達有志教員達も、生徒達と共にビラを配りながら募金箱を持って大声を張り上げたが、少額でも小銭を入れてくれた瞬間は、生徒同様いつも喜びと希望の心で溢れた。反面、頻繁に捨てられるビラが宙に浮かび北風と共に路上を舞う中、雑踏を急ぐ多くの通行人の足元を見つつ、上から邪魔だよと見下ろされながら身を低くして残骸を拾い集めた。そして「アフリカの子ども達や内戦で追われる人々のことを考えると、辛い、休みたい、疲れたなどと愚痴を溢している場合ではない」と生徒と共に励まし合ってきた。毎年必ず１００名以上の生徒達が弱音も吐かず努力してきたが、「千里の道も一歩から」の言葉通り、彼らの涙ぐましい努力や、壮絶な自分との闘いの連続には、いつも頭が下がる思いであった。

年末の活動を終え、50以上ある手作りの募金箱の修理などを行っていた休日、２人の3年男子生徒が複雑な顔つきで登校してきた。どうやら原宿での募金活動中、交通費が自費負担だったからという言い訳と誘惑に負け、数千円をくすねてポケットに入れてしまったらしい。しかし罪悪感に苦しみ、謝罪し返却したいとのことだった。主犯の1人は普段、バイク盗・暴力事件など問題行動を繰り返していた。そこで翌年3学期始業式、盗んだ行為は要反省・指導対象だが、正直に申し出る勇気と行動は素晴らしいと全体の場で褒めた。彼はその後落ち着き、卒業式では最も大きく爽やかな返事をして巣立っていった。

また、窃盗・薬物・虞犯で少年院に入った女子生徒から手紙（別刷参照）をもらったが、彼女の中学校生活の大切な思い出が、厳冬期に体験した立川での募金活動だったと書いてあった。「心から参加して良かった」と綴っており、人と接し人に尽くすことが人生の喜びの1つだと、生まれて初めて気づいたと推察できる。今は立派な社会人である。

不景気の煽りもあり、年を追う毎に100万円を集めるのに費やす時間が増えていったが、常に全額を送金・寄付している我中学校としても少なからず達成感と自信を摑むことができた。最近、学力の低下が叫ばれているが、「人間にとって本当の教育とは何なのか」原点に帰って考えさせられる貴重な経験にもなった。

裏社会では、この様な慈善活動が無意味な自己満足的・偽善行為だと誹謗中傷する者が必ず出現する。しかし私達は、ネット社会という狭い世界ではなく、正真正銘たる「現実社会」に本来生きている。「飢餓状態の子ども達救済のために」という一心で、有志の中学生達が流し続けてきた汗と涙の結晶にこそ真実があると考えている。「偽物ではないのか」「こんなことやって何の意味があるんだ」と通行人に言われ、その他辛い仕打ちに何度も耐えた生徒達は「それでも最後は人の心の温かさが身に染みる」と感想を述べ、人の善意こそが彼らの成長と貴重な糧となり、今後も引き続き頑張りたいという強い意欲を繰り返し再燃させてきた。一生懸命に声を張り上げ、人と人の間にはさまれ、人と人の心が一瞬でも通じ合い、10円玉一枚募金箱に入れてもらうだけで涙が出る程感動する……。単純そうに聞こえるだろうが、そこに真の「人間」教育が存在する。署名活動も同様である。これは実際に人と人の間に入り真剣な思いで心を込めて活動した者にしか分からないであろう。毎年良き先輩達を見習い、先進国と途上国の経済格差、貧困に喘ぐ子ども達の環境を学ぶ伝統が築かれてきたことは自明の理である。

「地球の裏側で起こっている悲劇に対するアンテナをいつも張っていなければ」「飛行機が落ちて500人が命を失うと世界中の大事件になるが、1時間足らずで500人のアフリカの子ども達が飢えや病気で亡くなってもその都度報道はされない」「体と心の中をありがとうの心で満たすことが人生」「今あの世にいたら何を後悔する?」「小さいことでも感謝できる人が真の自由人だ」「欲望が多いと幸せは永久に来ない」「神様からお借りしたこの大切な命をいつかお返しするその日まで必ず全うする」

以上は、生徒達が標語や日頃の作文に表現したものである。これらは募金活動をはじめ全教員による日々の様々な教育実践の積み重ねを通し、彼らの命に対する感性、今日この世に生かされていることは奇跡だという感謝力・人間力が成長してきた証であると確信している。

世界の貧困・飢え問題に向けての街頭活動（17年連続100万円、累計2100万円以上）

後世に残しておきたい責任・使命・覚悟

新潟に来たばかりのめぐみさん宅へ妹は友人と2人で訪問し、様々な話をしながら庭で遊び楽しく談笑し休日を楽しく過ごした。早紀江さんからも優しく接してくださったこと、翌日は家に迎えに行って拓也さん哲也さんと共に計5人で新潟小学校に初登校したこと、めぐみさんが突然いなくなった後しばらくして母が早紀江さんに会いに行った時はすっかり憔悴しきっていたこと、父が日本銀行新潟支店の営業課で仕事を共にし色々と助けられたこと、この40年以上の間、横田さんご家族のことを日々思い、様々な思い出を家族でも共有してきた。

めぐみさんが拉致された前日（昭和52年11月14日）、妹は不審な車で尾行されている。全力で走りながら逃げ切って家に着いた瞬間、「怖かった！」と泣きながら話した。翌日はいつもとは違う道を通って習い事へ向かい、15分違いでめぐみさんが拉致事件に遭遇した。

いくら悔やんでも時は決して戻ってはこない。人として忘れてはならない使命、後世に必ず残しておかなければならない責任を肝に銘じ、残された日々を大切に粛々と送っていく覚悟である。

雨にも風にも負けず　寒さに震えて続けた署名活動

1997年から長年、拉致被害者救出のための署名活動を繰り返してきた。部活の生徒や保護者の力を借りて、休日を中心に雨の日も風の日も繰り返してきた。八王子・立川・日野・高尾など多摩地区を中心に、渋谷・原宿・靖国神社・明治神宮・板橋・上野・浅草・新宿・川崎・大宮・水戸・柏など、単独でも正月三が日でも長年一心不乱・無我夢中に行った。郵送で署名用紙を仲間数百人に送り、各職場で回覧、保護者会で協力依頼、様々な創意工夫のもと数年間で数十万人の志をいただき、横田さんや政府に送ってきた。「中学生1人の人生・人権を救い守るため、教員が動くのは当然の責任だ」という手紙もよく添えられていた。

とにかく「人の命がかかっているのだから」という使命感を忘れず、現役中学教師として、寄居中学校同窓生・拉致現場近くの元新潟市民として無心無欲で奔走していた。協力してくれた方々のお力添えで、恐らく合計数千万人には声をかけ、約1割がビラを受け取り、結果的には1%の方が署名をして下さった。

最近はネット署名が当たり前となり、便利な世の中になったと痛感する。しかし命に関する依頼はやはり人と人の間、すなわち人間としての「心とこころの触れ合い」「生の声」で、汗と涙を流しながら、寒さに震えながら、声を嗄らしながら、必死に魂で訴え続けていくべきだという誇りと使命は未だに残っている。

女性の人権問題と拉致問題

東京五輪・パラリンピック組織委員会の森喜朗会長が、女性蔑視と受け取れる自身の発言の責任をとり辞任した。現場の中学生に感想を聞いてみた。５割が女性にとっての大切な人権問題であり辞任に賛成とし、３割はそこまでは必要ないとした。（２割は保留）

高齢者・障害者・子ども・戦争被害者・病人・飢餓などをはじめ、この世に大切な人権問題は数多く存在する。今回のように世界中からこれ程の責任追及が報道されるならば、例えば拉致問題が報道された当初、「めぐみさん達被害者の命を真っ先に守り救うべきだという、早急かつ厳しい責任追及が何故なされなかったのか」という感想もあった。未だ解決していない重要な人権問題の１つである。

この地球上には約78億の人間が暮らしており、経済的・社会的・精神的に１００レベルの人権を保有している者から１レベルの者まで多種多様である。生徒達は常に情報を多角的・広範的・長期的視野で捉えることを肝に銘じ、日々人権問題を冷静に学んでいる。

何度も届いているよ、
皆の思《こえ》い。
ありがとう。
必ず「ただいま」を伝えるから、
その時まで…どうか、どうか
待っていて。

教室での成人式

「正門前で記念撮影をするので、先生も一緒に入って頂けませんか」卒業生から連絡が入り学校に行くと、振り袖姿の女子4名と背広姿の男子6名が待っていた。成人式が突如中止となり、想い出にせめて母校で写真だけでもと思った様だ。

「寒いから中に入りなさい」マスクをしたまま、最も風通しが良い4階の教室に案内された彼等は、入学当初の座席に座り「ああ懐かしい！　だけど2度と戻ってこないんだよなあ」と感慨深く呟いた。

「戦争・原爆・震災・不治の病・様々な事故で犠牲になった方々のお陰で迎えることができた今日という奇跡的な日に、保護者・御先祖様・英霊達への深謝の心を粛々と示す責任」「今後仲間が孤独になった時こそ声を掛け助け合って生きていく信実」を訴えた。

コロナ旋風で様々な苦難を乗り越え生き生かされている若者達への思い、丁度7年前に早紀江さんと共に本校で4回目の講演をして下さった横田滋さんへの追悼の念、そして3年間拉致問題を真摯に学んだ彼等の立派な晴れ姿を見て、感慨一入であった。

命の繋がりを学んだ部活動

立川第七中学校　三年

張哲　望恵

皆さんは命が繋がっているという事について考えた事はありますか。私は中学生になって、命の尊さについて考える機会が増えました。それは、私の所属する部活動が命について考えを深め、それを精神力や感謝力に変えて技術を高めていく部活だからです。そして家族の存在はとても大きく、それがなければ今の私はありませんでした。

私は卓球部に所属しています。私達は、卓球の練習だけではなく、みんなで沢山の経験を積んできました。

毎年年末に立川駅の遊歩道をお借りして、世界中の支援が必要な子ども達に多くの人の優しさを届ける、募金活動もその一つです。頂いた一つ一つの優しさは、大切な一人の命を救う大きな力になり、私達の命はこの丸い地球上で繋がっているのだと強く実感しました。

また、昨年は部活動の仲間達と拉致問題を考える国際シンポジウムや、霞が関での子ども向けのイベントにボランティアとして参加してきました。私は、この活動を通して強く感じた事があります。それは、私達の命は、一つの空の下で繋がっている。だからこそ、同じ日本人として心を込めてこの問題に関心をもち、考えを深めなくてはならないという事です。この大切な人権問題の解決に向けて私達にできる事は何でしょうか。自分の心と声が解決の力になると信じて、周りに伝えていく事ではないでしょうか。私達日本人が、戦争や原爆、大震災を語り継いで来たのと同じように。

私達は様々な活動に向き合う事で一人一人の命がとても尊い、大切な一つの命なんだという事を全員で共有し合ってきました。また家族も一緒に考え心から応援してくれました。

部活動でのある日の出来事です。授業で学んだ「母が私にくれました」という詩をみんなで大きな声で暗唱しながら練習をしていました。丁度その時、母が練習の見学に来たので、全員で母の前で詩の暗唱をしました。私がこの詩の中で一番好きなのは、「私に心をくれました。私の全ての人生と、私の全ての幸せを。母が私にくれました」という所です。だから、この部分を特に心を込めて暗唱しました。母は涙を流しながら聞いていました。その時、私の心も身体も母の命から繋がっているんだと実感しました。そして、命も優しい心も使えば使うほど大きくなるんだよという母の言葉を思い出しました。

様々な経験を経て、命の尊さ、感謝の気持ち、強い絆を胸に私達はこの夏、関東大会に出場させて頂きました。先生方、保護者、地域の方、その他大勢の応援が力になり、あと一勝すれば全国大会という所まで勝ち進みました。大声援の中、観客席を見ると、母の顔がありました。母はこれまでどんな試合もかかさず応援に来てくれました。そして、誰よりも大きな声で応援してくれました。そんな母が私を必死で応援する姿を見ると、「産んでくれてありがとう」という気持ちが込み上げてきました。そして「卓球で命を込めて恩を返すんだ」という先生の教えが浮かんできました。私達は一球一球に全ての思いを込めて全力で戦いました。全国大会出場という私達の夢は手を伸ばせばすぐに届きそうな所にありましたが、あと一歩の所で涙をのみました。

私は命の尊さを共に学んできた卓球部の仲間達を誇りに思っています。意見をぶつけ合い、認め合い、励まし合ってきた私達はこれからもずっと大切な仲間です。そして、最大限の愛情で指導し、命の尊さを教えて下さった先生方に心から感謝しています。

私はこれからも命が繋がっている事への感謝の心を大切に成長していこうと思います。

仲間と学んできた尊い命を思いやる心を持ち続けて。

横田さんから頂いた70通のお便りから…

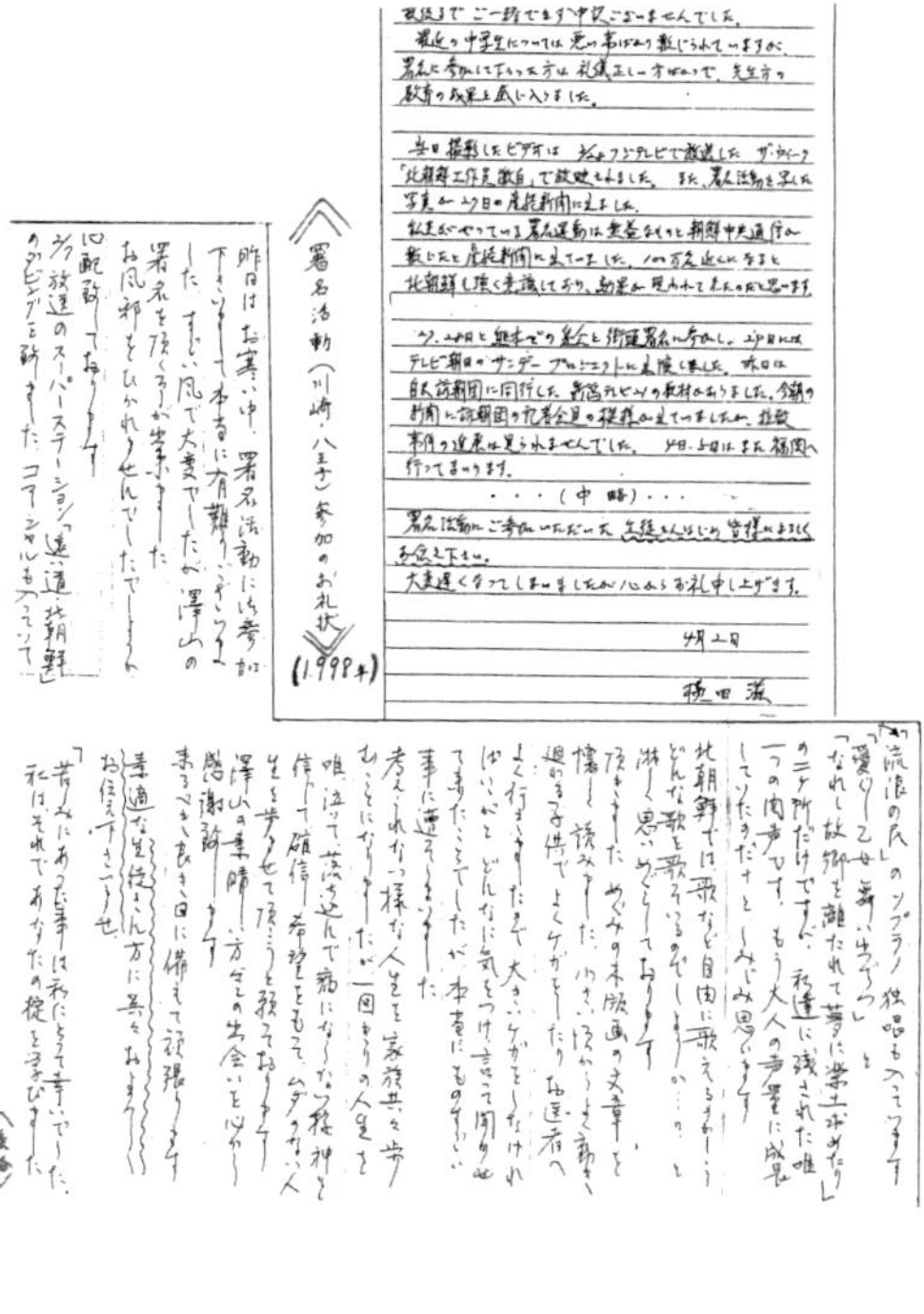

《署名活動（川崎・八王子）参加のお礼状》（1998年）

昨日はお寒い中、署名活動にご参加下さいまして本当に有難うございました。すごい風で大変でしたが、澤山の署名を頂くことが出来ました。お風邪をひかれませんでしたでしょうか。心配致しております。

2/7放送のスーパーステーション「遥かなり北朝鮮」のオープニングを飾りましたコマーシャルも入っていて

卒業式までご一緒できず申し訳ございませんでした。

最近の中学生については悪い事ばかり報じられていますが、署名に参加して下さった方は礼儀正しい方ばかりで、先生方の教育の成果と感じ入りました。

当日撮影したビデオは3/29フジテレビで放送したザ・ウィーク「北朝鮮工作員徹底」で放映されました。また、署名活動を写した写真が2/7日の産経新聞に出ました。

私達がやっている署名運動は黒坂さんと朝鮮中央通信が報じたと産経新聞に出ていました。100万名近くになると北朝鮮も強く意識しており、効果が現われてきたのだと思います。

2/7、2/8日と熊本での集会と街頭署名に参加し、2/9日にはテレビ朝日のサンデープロジェクトに出演しました。本日は自民訪朝団に同行した新潟テレビ21の取材がありました。今朝の新聞に訪朝団の記者会見の模様が出ていましたが、拉致事件の進展は見られませんでした。4日・5日はまた福岡へ行ってまいります。

・・・（中略）・・・

署名活動にご参加いただいた生徒さんはじめ皆様によろしくお伝え下さい。

大変遅くなってしまいましたが心からお礼申し上げます。

4月2日

横田滋

「流浪の民」のソプラノ独唱も入っています
「翼…乙女舞い…」と「なれし故郷を離れて夢に楽土求めたり」の二ヶ所だけですが、私達に残された唯一つの肉声です。もう大人の声量に成長していたのだなとしみじみ思います
北朝鮮では歌など自由に歌えるのかしら、どんな歌を歌っているのでしょうか……と淋しく思いめぐらしております
頂きましためぐみの木版画の文章を懐しく読みました。小さい頃からよく転んで週のうち子供でよくケガをしたりお医者へよく行きましたが、大きいケガをしなければいいがとどんなに気をつけ言って聞かせてきたことでしたが、本当にものすごい事に遭ってしまいました
考えられない様な人生を家族共々歩むことになりましたが、一回きりの人生を唯泣いて落ち込んで病にならない様な精神を信じて確信希望をもって、ムダのない人生を歩ませて頂こうと考えております
澤山の素晴しい方々との出会いを心から感謝致します
来るべき良き日に備えて頑張ります
素適な生徒さん方に呉々もよろしくお伝え下さいませ。
「苦しみにあった事は私にとって幸いでした。私はそれであなたの掟を学びました」
〈後略〉

前略ご免下さいませ。過日はご多忙の中、私達の為に貴重なお時間を頂き、七中での講演会を開かせて頂き本当に有難うございました。

先生は導かれていらっしゃる生徒さんは、今日本の中学生に欠けている大切なものをしっかりと持っておられ、ご指導の程がしのばれるようでございました。

多くの若い皆様にお聞き頂けて、コーラスやお交じわりの時も頂いて感無量の思いでございました。

長かりし戦いが、いつまで続いてゆくのでしょうかと、「今、助けてあげなければ！」の思いを毎朝思い、頑張っております。

日本の精神のあり方が問われる今日此頃でございます。

本当に失った見えない大切なもの、そして見えるあり余るもの、色々と深く考えさせられる事でございます。

私共も種々な試練の中、一心に歩んでおります。

悲しいこと、理不尽なこと、生きてゆく限りまとわりついて来る諸々の事を、何一つ無駄なことはないと思い、祈っております。

寒さも加わりますけれど、呉々もご自愛下さいます様、生徒さん方にもどうぞおよろしくお伝え下さいませ。

本当に有難うございました。

十二月十四日

横田早紀江

(2008)

前略ご免下さいませ
先日は、立川第七中での講演にお招き頂きまして諸先生方はじめ生徒の皆様、ご父兄の方々と沢山の方々がご参集下さり　感無量の集会となりました　心より厚くお礼を申し上げます
良い先生と良い生徒さん、とても素晴しい会でございました
めぐみと同じ年代の方々を前にし良い歌を聞きます時、胸が一杯になってしまいました
懐り一25年前にふと戻った気が致しました
皆様にどうぞおよろしくお伝え下さいませ
何度講壇に立ちましても思う様に話せずまとまりがなく恥かしく思っております
小さな何か一つでも感じて頂くことを願いまして
毎日色んな所で話させて頂いております
一日も早く子供達が揃って帰って来てほしいと願っております
生徒さんの感想文も励みになります
沢山の方々に支えられて今日まで来る事が出来ました　本当に有難うございました
皆様にどうぞおよろしくお伝え下さいませ
益々のご活躍をお祈りしつつ、一言お礼を申し上げます。　乱筆にて……

二月十七日

(2003)

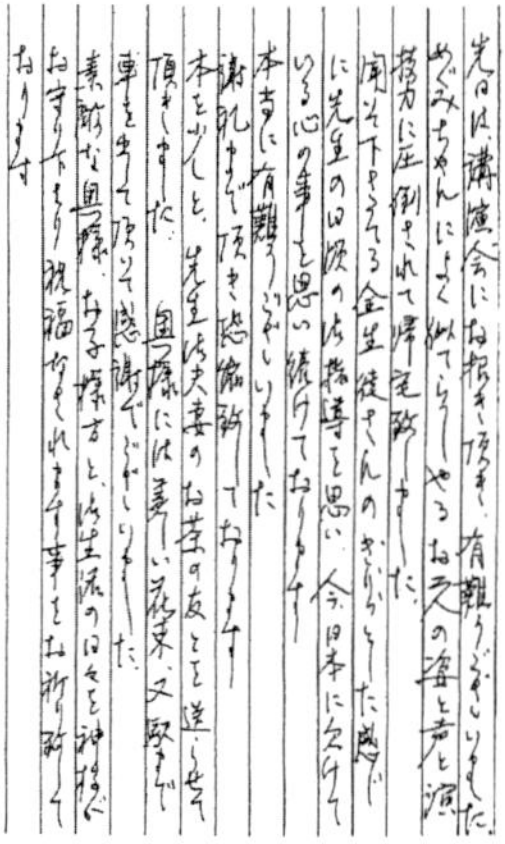
先日は、講演会にお招き頂き、有難うございました。
めぐみちゃんによく似ていらっしゃるお父様の姿と声と涙
迫力に圧倒されて帰宅致しました。
聞いて下さってる全生徒さんのきらきらした瞳
に先生の日頃のご指導を思い、今日本に欠けて
いる心の事を思い続けております。
本当に有難うございました
謝礼までも頂き恐縮致しております
本をどうしたと、先生ご夫妻のお若の友とを送らせて
頂きました。自分様には美しい花束、文殊まで
車を出して頂いて感謝でございました。
素敵な御縁、お子様方と、流生流の日々を神様が
お守り下さり祝福なされます事をお祈り致して
おります

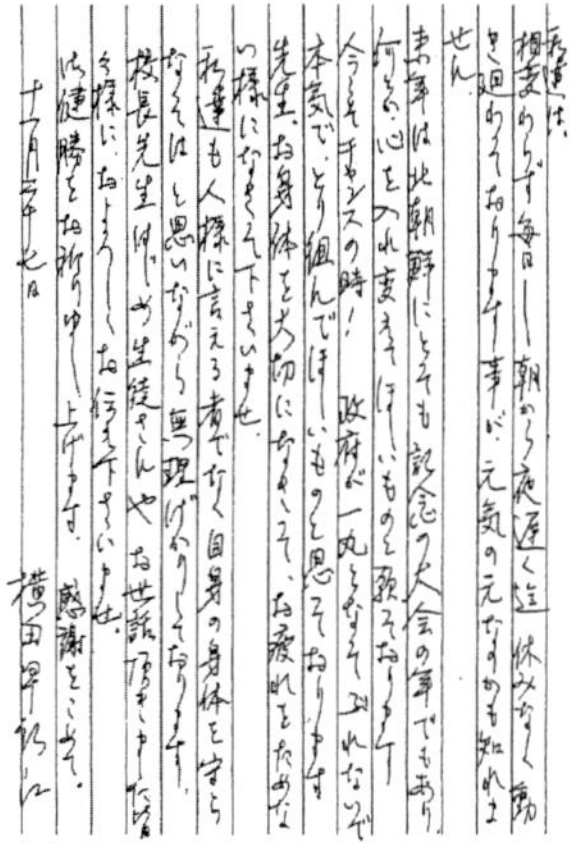
私達は、
相変わらず毎日朝から夜遅く迄休みなく動
き廻っております事が、元気の元なのかも知れま
せん。
来年は北朝鮮にとっても記念の大会の年でもあり
何とか心を入れ変えてほしいものと願っております
今こそチャンスの時！政府が一丸となって忍れないで
本気で、取り組んでほしいものと思っております
先生、お身体を大切になさって、お疲れをためな
い様になさって下さいませ。
私達も人様に言える者でなく自身の身体を守ら
なくてはと思いながら無理ばかりしております。
校長先生はじめ生徒さんやお世話頂きました皆
々様に、よろしくお伝え下さいませ。
ご健勝をお祈り申し上げます。感謝をこめて。
十月二十七日
横田早紀江

(2011)

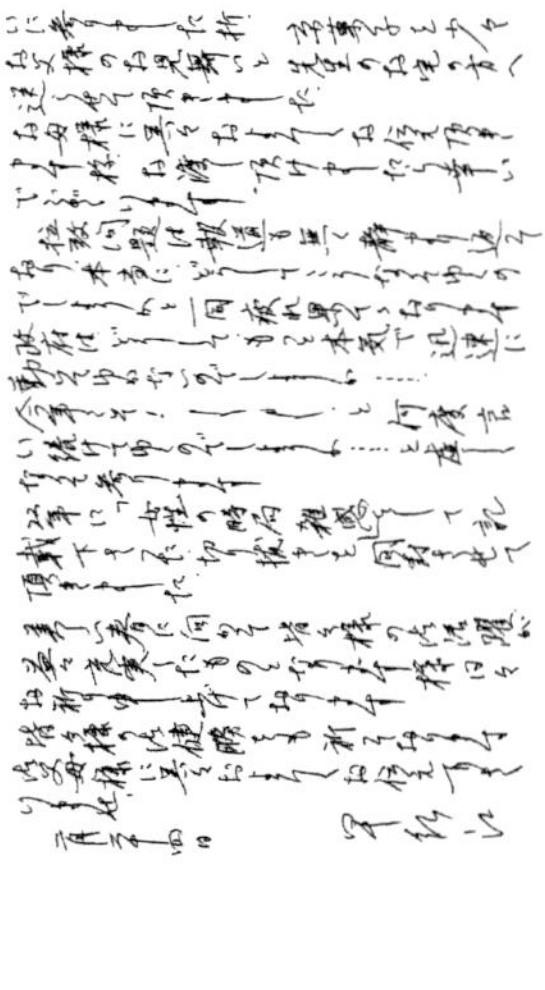

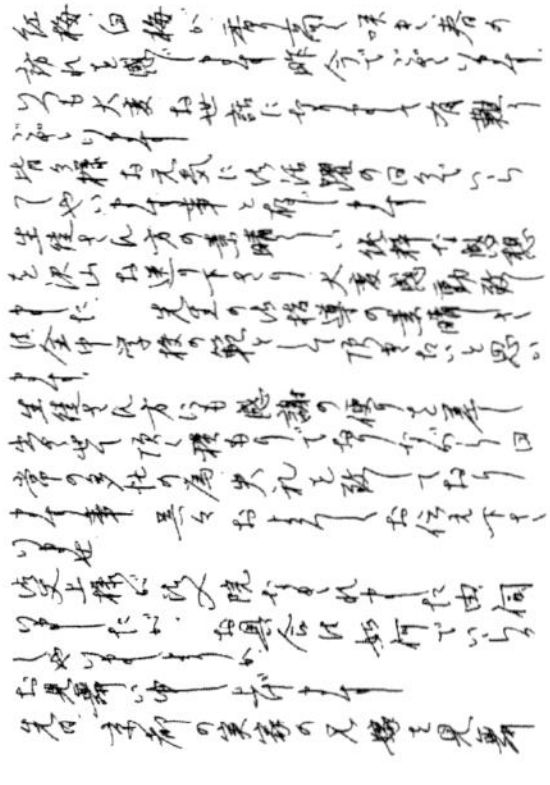

(2015)

今年の春はいつまでも肌寒い儘、若葉の季節を
迎えました。
すっかりご無沙汰致しており申し訳なく思っており
ます。生徒さん方も皆様お健やかにお過ご
しでいらっしゃります事と存じます
三月に未曾有の巨大地震と大津波、原発の不
安と誰もが考えた事もない事態となり、大自
然の力の前に人は何と小さなものでありますか
を更めて思わせられております。
私共も十二階で大揺れに遇い、マンションがどちら
側に倒れてゆくのでしょう……？と本気で思いま
した。　皆様にはお障りございませんでしたか。
大事の中、拉致問題が影をひそめて見えますが
国民の皆様は絶対に解決しましょうと
沢山のご声援を頂き、私共も講演を続け頑張っ
ております
アカオの会発案である六月十一日、十二日に全国統
一署名活動を計画して下さいました。
ご多忙と思いますが、お時間のあります方々に
ご協力頂き、政府に動いて頂く為、力強くアピ
ールをしたいと願っております
近年中に、何とか解決して頂きたいと切望し
ております。　どうぞよろしくお願い申し上げ
ます。
東大へは毎年四月に新しい学生さん方に講演に
出掛けて訴えております
若い青年が力強く立ち上がって頂く事が有難
い事と思います
どうすれば解決出来るのか解りませんが、家族
の私達は出来得る事はほとんどして来たつ
もりでございます。　後は日本のリーダーの本気
の思いと、行動だけと思っております
書類が届きましたので送らせて頂きました
よろしくお願い申し上げます
ご健勝を祈りつつ。
五月五日
横田滋
早紀江

御父上様の御訃報をお知らせ頂きまして大変
残念で悲しい思いで一杯でございます。
長い間、主人が大変お世話になりまして有難う
ございました。懐かしい方々がお一人お一人旅立
たれてゆかれ、人の世のはかなさが身に沁みる
思いでございます
心よりお悔み申し上げますと共に御冥福
をお祈り申し上げます
お母様もお寂しくなられました事とお察し
致しております。どうか、お力落としなされ
ませんよう御自愛御専一にお過ごし頂きます
事をお祈り致しております
御葬儀にも参列させて頂けませんが、心から
御父上様への感謝と魂の御平安を日々お祈
り申し上げております　主人も今日四
日で一年の入院生活になります　最初の
ボンヤリしてしまった様な状態からはずい分
良くなりまして　意識と眼力がしっかりして参り
ましたが、身体が硬くリハビリをしております

温熱療法をとり入れて三ヶ月でずい分しっかり
致しましたが、食事言語歩行が出来ない中
での意識明瞭な事はかえって辛いのではないか
と哀しく思われます　上等のハチミツを時々小さ
なさじで口に入れてあげたりしています。
早く誰もが願っております被害者全員救出が
成る事だけを望みをもって祈るのみです
佐藤先生にはお寂しい春になりましたが
お身体を損じられませんよう御留意下さいませ
いつもお世話になりますばかりで失礼ばかり
でお許し下さいませ。
心ばかりの御霊前をお供え頂けましたらと送ら
せて頂きました。
皆々様の御健勝を祈念申し上げ御挨拶と
させて頂きます。
乱筆をお許し下さいませ。
横田早紀江
四月四日。

寒中と言う言葉が書けない程、晴天の春の日々と云った毎日で、新潟の雪と吹雪の暗い冬を思います。

長いし間の魂の伝達を果たせられ、心をしっかりと受け継いで下さった多くの生徒さんをお育て下さいました事に、深く感謝申し上げます。

この世知辛い世の中にキッパリと光って下さる方々のお陰で日本が、全部汚れ切らないで居られる事と思います。

本当に有難うございました。


一度、ゆっくりとお食事でもご一緒に!!と思っておりますが、主人がずっと弱って参りまして心配しております。

毎日見舞っておりますが、ずいぶんやせて力無く見え、胃ろうも、すぐ出てしまうので栄養が摂れなくて又、点滴に戻していますが、静脈が細くなって仲々難しくなっております。

いつも物静かで不満も言わず穏やかにしておりますだけに、申し訳無い思いが一杯になり、こちらが力を無くしてしまいます。

有本母さんも逝ってしまわれ、本当に、この問題はどう言うことかと、政治家、外務省、ケイサツ等々の過去にわたってのあり方を思わずに居られません。

日銀の中での種々な事は私は余り知りませんでしたが、お父様の純粋な在り方を曲げさせる様な愚かな人達が、当り前の様に勤務しておられたのですね。

私は最初から日銀マンの妻ですと言うが、とても嫌で、いつも金融関係ですと言っていましたが、何とも言えない偉そうぶった人達を黙って見ておりました。

崇高な父上のお陰で崇高な教育者に育たれ何十年も何百倍もの光る魂をお育てになりました先生は偉大です

又落付かれましたらご連絡下さいませ
拓世、哲也もお手紙拝読致し思うところは一杯ある様でございます
皆々様呉々ご自愛なされて頂き、お元気で日本の美しい景色を旅して楽しんで下さいね　元気な間に。
有難うございました。

二月十日　早紀江

長い間の心からのご苦労を思い、メッセージを戴いて
胸が痛くなりました。
生徒さん方からの真実の叫びの沢山のお手紙を
やっと読み終えて感動の涙を流し、北のめぐみが帰国
して一枚一枚をどんな思いで読む事でしょうと思います。
お身体を損じられご無理をし続けられ　私達は
何とお詫びすれば良いのか……と思い続けます。
その後、お身体のお具合は如何でいらっしゃいますか。
早く休養をとられて充分に癒されて頂かなけ
ればなりません。　多くの大切な学びを築き
ゆく沢山の若者の心にしっかりと植えつけて頂いた事は、
今、日本国が失ってしまった大切な問題をよみがえら
せて頂いた事、本当にすばらしい事、誰にでも出来る
事ではございません。
人は気付かなくとも神様の霊は全て一人一人の心の有様
をご存じですから、最善を尽くされた事も全てを
ご存知でいらっしゃいます。
「空手にしてこの世に立ち、今は空手にしてこの世を去る」
と言う言葉は私は初めて知りました。
泥沼を這いずり回る行動ばかり繰り返しとおし
やる事も寂しく思えます
力の限り、心の限り悪と立ち向かう為に全人格そ
のものを投げ入れて祈りの様な形を現わし続けて
下さった事は　有難い事、感謝な事、神が
導いて来られた方！　といつも――感謝しつつ
祈っております
ご健康の事やお家の事や誰もが、めぐり会うもの
で生きている限りついて来ますので、元気で居る事
だけは大切に身体をいたわって上げて下さい。
私は歳のせいで人さし指の第一関節が曲がって来て痛み、
ペンを執るのが段々大変になり汚い字でお許し下さい。
拓也はよい経験をさせて頂いて、昔の自分の年代
を思いながら話させて頂いたのではと思います
男の子はめぐみの様にいつもおしゃべりしている
事は無く無口（主人も）なので一緒に行動していない
時の事は何も解りません　　失礼な事がありま
したらお許し下さいませ。
生徒様方にもお手紙も書けませんが宜しく
およろしくお伝え下さいます様お願い致します
校長先生にもお便りでお礼を申し上げたいと
思っております。　ご健勝を心より祈念申し上げ
ております。コロナにもお気をつけて下さいませ

十二月十一日

横田早紀江

今年も美しい日本の桜の下にめぐみを立たせてあげられなかった事を哀しく思います。
すっかり御無沙汰を致してしまいました。皆様にはお変わりなくお健やかにお過ごしの事と存じます
生徒さん方も　新学年をお元気にお過ごしの事と存じます
沢山／＼の長い間の御努力に心より御礼申し上げます　菅総理とバイデン大統領との対談が持たれました　アメリカも拉致問題を大切に思って下さって、これからどの様に進んでゆくのでしょうと固唾をのんで見つめております
今どの様に成長しているのか想像もつきません。
を招んで会う事が出来ました娘のウンギョンや、チヨニの姿から
めぐみの全てを想像しつゝ、長い時の流れを過ごしております。　夫滋が天国に召されて早一年が迫っており、どんな状況になっても何の変化もない拉致問題の事を祈りつゝ歩むばかりです。
お母様もお元気になさっていらっしゃいますか。
私は遊歩道で散歩中　二月、三月と続けて前向きのまゝつまづいて転倒し　骨は異状なくて何よりでした。もう　よくなってはきておりますし、物忘れも多く、あっと言う間に老人の道を転がってゆく感じです
しっかりと対面出来る間に早く　積極的に日本は動いてほしい事でございます。

広島時代交流のありました息子達の幼い頃の友人が吉川市にお母様も住んでおられまして徳一郎君と言う息子さんは、今春、校長先生になられました
佐藤先生の御指導の事、生徒さんの感想文などお話をし、私の書物も贈りました。大変心を動かして下さり、この問題を皆で学び考えて活動をして下さる様になりました。
佐藤先生のお姿は色んな方々に覚えられ神様に用いられ、感動を起こしております
本当に有難うございます。人指しゆびが曲がって来て仲々思う様に手紙が書けなくて痛みが無い時に一気に乱筆の儘失礼致します
先生も決して御無理なさいません様、お大事にお過ごし頂きたく思っております。
校長先生、生徒さん方に呉々およろしくお伝え下さいませ
感謝をこめまして御礼申し上げます。
皆で素晴らしい喜びの日を備えて下さる神さまを信じ、期待をし、待っております。
寒い感じの春、コロナも流行っており、呉々御留意下さいませ
いつもお祈り申し上げております
又いつかお目にかかれますように。

四月二十八日　横田早紀江

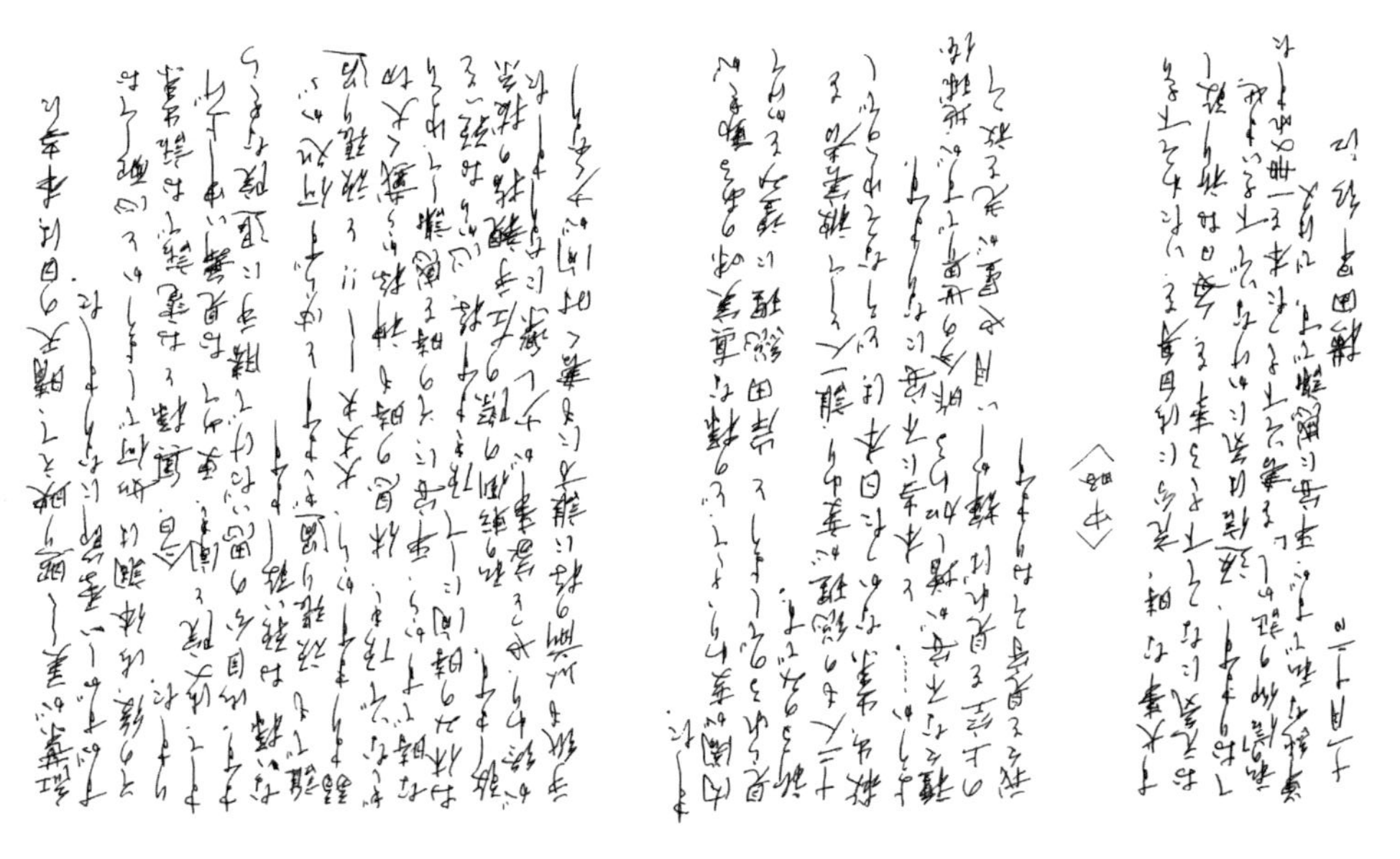

何度も倒れられ、大変な状態で
どんなに心配なされた事かと思い
ます。心も、身体も、神様から戴いた
大切なものですから、どちらも感謝して大切にし
に扱って下さいませ。精神だけで無理をなさると
器である身体が、こわれてしまいます

どうぞ両輪の佐藤先生でいらして下さい。
全てを神様は、全部ご存知ですから、任ねて感謝
と平安の内にお過ごし下さいます事をお祈り
致しております
　世界中が、その国体を欲望の為にギシギシと
　動いております。祈っておりました事を
　どうぞ聞かれて扉を開いて下さいます
　様、願っております

亡き夫と共に四季折々美しい日本の自然
を楽しみ土日は大てい二人で電車
に乗って旅をしました。輝く様な紅葉
のすばらしさ、はかないすばらしい桜花、こすもす
の広野、アヤメの庭、紫陽花の寺、
絵画展、こっとう品展、何でも二人で観にゆき
沢山の思い出を、残酷な悲(寂)しみに変えて残す事
が出来ました。友の様に過ごした日々の思い出が

大切に記憶に残りました。感謝です!!
佐藤先生の強いお思いは、皆様に十二分に
通じておりますから、無理をなさらず、
楽しい時間も作り出されて、良い記憶に
残る様にと祈ります
　クリスマス、お正月、懐しい思い出のその時
　々を思いながら感謝致します
ご活動に深く感謝して。

少年院で横田めぐみさんの詩を読んで送ってきた手紙

〈前略〉言える事は、自分を出来る限り落とさない様にと1日に1つは考える事です。実際は、かなり落としまくってます。でも、ドン底まで気を落とさない様に支えにな。ているのが、家族は別として、彼氏と先生だけです。彼氏の方は「待つ」って言葉を信じてるだけなんで、この先どうなるか分かりませんけど、先生には、多分この先もズット自分の支えであるだろうというモノをたくさんもらいました。捕まる前から「勝てる気がしない」と思ってたんですけど（何でとかそういう事じゃなく、なんかそう思ったんです）、捕まって「やっぱ此の人スゲェわ（苦笑）」と思ったんです。何でかってゆーと、そり。今回で捕まるの2回目だし鑑別は絶対行くだろうし、自分保護観付きで事件起こしてんだから、年少行くんだろうなぁ…って思ってて、したら、卒業式出れないってヤツ!? アルバム合成!? マジ無い…自業自得か…とかまぁ色々と思ってて、そしたら、自然と自分の中学生時代の思い出（七中の思い出?）とは何か!?って方向に行ったんです。で、真っ先に浮かんできたのが中1の冬だと思うんですけど、ユニセフ募金を並川でやった事で、それ自体に自分でも、ビックリしちゃってて、「これかだね（笑）」って思ったんです。確かに中1の頃がまだまともに学校に行ってた時期だったから、浮かんでくるのは当たり前なんだろうけど、何か他に思い出したモノよりも自分の中で得られたモノが違くて、募金活動に参加して良かったって心から思えて、部活とか学校の友達とくだらない話をしているのも楽しかったけど、それの方がもっと楽しく思えて（今になって考えてみれば）、七中生で良かったなあって素直に思ったんです。…何か意味不明ですみません。何が言いたいかってゆうと、そういう事を体験する機会を与えてくれた先生に感謝してるって事で、それで先生にはもっと色々教えてもらって（勉強とかの事じゃないですよ?）年賀状にも書いた通り感謝してもしきれない程、感謝してて、その"感謝"って気持ちも先生に教えてもらって、正直先生が「ボールに感謝、ラケットに感謝、出来る事に感謝」って言ってる時、あまり深く考えてなくて、意味とかもさっぱりで"言葉だけ"って感じだったんです。捕まって今までの事（良いも悪いも含め）を振り返って、先生のその言葉やそれ以外の言葉や行動、自分に教えてくれた事について考えたりしてたら、すごく大事な事ばっかりで、今までの自分にも今の自分にもすごく支えになっていた事ばかりなんです。ボールがあってラケットがあって台があってやっと卓球が出来るのと同じ様に少年院で自分が健康にそして安全に過ごせているのは、少年院の先生方が私達の事を考えてくれて、ちゃんと見ててくれて（見張り?）、そうやってくれているから、やっと安全に健康にそして自分の考えるべき事に集中して暮らせてるんだなあって思えたのも、先生がきっかけをくれたからだと思ってます。別に先生の事を神様やー!とかそんな風に思ってる訳じゃないですよ? 只、自分は言葉があまり上手く使う事が出来ないから、変な風になってるだけで…実際こんな風に書いてる今の自分でさえ訳分かんなくなり始めてて…多分読んでる先生の方が分からないですよね。ごめんなさい…。そしてこんな訳の分からない事書いてる内に先生からの暑中見舞い（であってますよね?）届きました。なので最初の方に書いた質問は無視して下さい。横田めぐみさんの詩を読んだ時、先生らしいなぁ～って思いました。先生が何故送ってきたのか、自分は先生本人ではないので分かりませんが、都合良くとらえさせてもらいました。特に一番下の"三十一年"、自分と状況は全然違うけど、何かすごく気持ちが重なって、自分の中で押さえてたモノが先生と話す時みたいに自然と出てきて悲しい訳ではないのに涙が止まりませんでした。自分は今自分のやってしまった事で少年院に入っています。卒業式もここで迎える筈です。七中に良い思い出は全然なかったし、むしろ、嫌な事ばかりでした。でもやっぱり七中で卒業ってモノを迎えたかった。普通に学校に行きたかった。部活も続けていたかった。学校という場所から逃げだした自分はワガママだったんでしょうか? 傷付くのが嫌で自分を守りすぎてたんでしょうか? 自分はどうすれば良かったんでしょうか? 間違えたトコロが多くて、ドコから間違えたのか分かりません。先生と何回も話をしてきてどうしてその時に坂を下るのを止めなかったのか。ごめんなさい。今まですごくたくさんの事を短い時間の中で教えてくれていたのに無駄にしてすみません。ここに来るまで、先生から教えてもらった事をただ聞いただけにしてきました。だからここからは、知った事にしていきます。今までみたいに坂を立ち止まってケガをするのを怖がって下り続けるんじゃなくて、ケガをしてでも立ち止まれる自分になりたいって思うんです。そう思ったのは先生が今回鑑別所で話してくれた事がキッカケなんです。先生の事を完ぺきな人だと思ってる訳じゃありませんけど、やっぱりすごい人だなって思います。一度で良いから先生が担任のクラスになりたかったです。だから、自分は今の高1と中2がうらやましいです。（後略）

語り続ける

一九七七年十一月十五日、新潟市の海の近くの町で、一人の少女が忽然と姿を消しました。その少女の名は横田めぐみさんです。

当時十三歳だっためぐみさんは、朝いつものように元気に中学校へと出かけていきました。その日の夕方、バドミントン部の練習を終えて帰ってくるはずのめぐみさんは、いつもの時間になっても帰ってきませんでした。

家族は必死で探しまわりましたが、見つけることができません。警察も誘拐や事故などあらゆることを想定して捜査を進めましたが、何の手がかりも得ることができませんでした。

ずっと後になってわかったことですが、実はこの時めぐみさんは北朝鮮の工作員によって連れ去られ、約四十時間もの間北朝鮮に向かう船の中の真っ暗な船倉に閉じこめられていたのです。

私が初めてこの話を知ったのは、中学校に入学したばかりの頃でした。きっかけは、当時めぐみさんの家の近所に住んでいたという先生との出会いがあったからです。

先生は普段からよく拉致問題のことについて話をしてくださり、少し時間がずれていたら自分の家族が連れ去られていたかもしれないということ、一人の少女の日常が奪われ四十年以上も解決していない悲しい事実があるということなど、他人事ではなく真剣に考えていかなければならないと常に教えてくださっています。

先生と横田さんご家族とのつながりの中で、去年めぐみさんの弟の拓也さんを学校へお招きし、拉致問題について講演していただける機会がありました。拓也さんは、家族みんなが仲良く、めぐみさんはとても明るくてその場にいるだけでみんなを笑顔にしてくれるような存在だったと話されていました。

一方で工作員に連れ去られた日は真っ暗な船の中で「お母さん、お母さん」と泣き叫び、扉や壁などをあちこち引っかいていたので、北朝鮮に着いた時には、その爪がはがれそうになっていて血だらけだったということも教えてくださいました。当時を知る、そして何より一番めぐみさんのことを大切に思っているご家族の生の声は、私の心に大きな衝撃を与えました。

講演が終わった時、様々な感情を抱えている自分に気がつきました。恐怖と怒り、そして悲しみです。

もし自分が拉致されたらと考えると、とても怖く、その時の状況を想像すると[illegible]ほどだと思いました。めぐみさんは今の私たちと同じ中学生だったことも、より一層心を苦しくさせました。

そして、とても幸せだったはずのめぐみさんの未来を奪い去ってしまった北朝鮮に強い怒りを感じました。それだけでなく、当時の日本の人達にも腹が立ちました。もし、あの時もっと日本の政府や国民が動いてくれていたら、もしかしたらめぐみさんは今[illegible]帰国した日本で、家族と暮らせていたかもしれません。

しかし、一方でそんな中でも現在まで拉致問題について訴え続けている人達がいることを知りました。そしてその思いにとても感動しました。日本の政府でさえも解決できていない問題に立ち向かい、めぐみさんが生きていると信じ続けるのは、とても大変なことだと思います。途中、北朝鮮からのめぐみさんは[illegible]との知らせや不誠実な対応に、何度も心が折れかけてしまったのではないでしょうか。それでも信じ続けることができるのは、[illegible]大勢の人達の思いの強さに他なりません。そしてその思いが大きな波を生み、少しずつ声を上げる人達を増やしていっているのだと思います。

横田めぐみさんの他にも北朝鮮に拉致された被害者の方達はたくさんいます。この事実は決して忘れてはいけません。中学生の私にできることは限られていますが、真実を知り少しでも多くの人に伝えていくことが大切だと思います。それは、一度きりのことではなく、何度も何度もです。先生は中学校へ横田さんご家族を何度もお招きして講演をお願いしたり、私たちへ伝え続けてくださったりしています。人は忘れてしまう生き物です。何度も語り続けることで事件を風化させることなく、常に問題意識を持って生きていけるのだと強く感じました。

最後に、私にとって人権とは、みんながそれぞれ自分らしく幸せに生きる権利だと思います。これを他人が邪魔することは決して許されません。自分のことを大切にするのと同時に、周りの人のことも同じくらい大切にしていきたいと思います。そして、当たり前の日常の中にある小さな幸せを幸せと感じられる人でありたいと思います。

めぐみさんが必ずご家族の元に帰って来られることを願って、今日も声をあげ続けていきたいと思います。

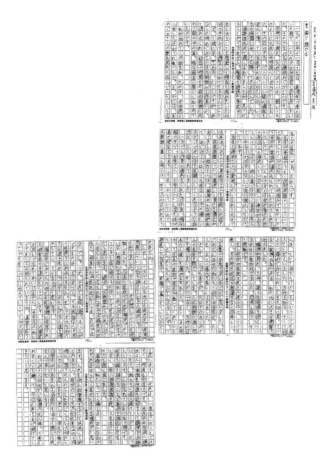

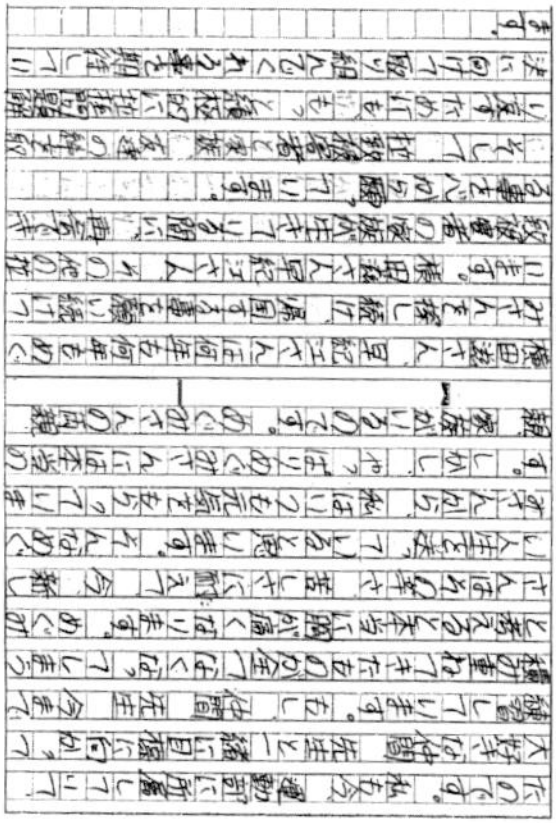

①

私が拉致問題を知ったのは中学校に入学してからです。拉致という自由を奪う行動がどれだけつらい事か拉致について調べるにつれ強く感じ、早く解決の方向に進んで欲しいと思っています。

拉致被害者の中で最年少の横田めぐみさんは私と同じ十三歳で普通の中学校生活をいきなり壊され、北朝鮮に連れ去られました。横田めぐみさんの拉致について昨年九月十九日にニューヨークで開かれた国連総会でトランプ大統領が話していました。トランプ大統領の発言により拉致問題が解決への方向に一歩近づいたと嬉しく思いました。それと同時にめぐみさんの帰国をより強くねがうきっかけとなりました。

めぐみさんが連れ去られたのは今から四十年以上も前です。そしてその二十年後に拉致されたという事実が明らかになりました。拉致と分かるまでの二十年間横田さんご夫妻は私が味わったことのないような不安や悲しみ、自分の子を失う悔しさがあったと思います。そしてめぐみさんが拉致されたという事実を知り、娘のために署名活動や講演会をして帰国だけをただ願っています。たとえ北朝鮮がめぐみさんを亡くなった事にして、納得のいく説明も証拠もなく平成十六年に送りつけられた遺骨はめぐみさんのものではないと分かりあきらめるはずがないと思いました。遠く離れていてもお互いの事を強く思いあう親子のきずなで結ばれています。それは横田早紀江さんの書いた『めぐみ、お母さんがきっと助けてあげる』という本に書いてあった。めぐみさんがいなくなってしまった日から、苦しみや拉致と分かった時の気持ち、それからの活動がつづられていました。また『めぐみ』のDVDにはめぐみさんが拉致されてしまってからの出来事がはっきりと描かれていました。本やDVD、『めぐみへの手紙』という新聞

②

記事を読み、めぐみさんの帰国を絶対にあきらめず、一生懸命活動している横田さんご夫妻の姿を知り、胸があつくなりました。

今、拉致されたまま帰国できていない方は拉致を認められた十七名の内の十二人もいます。そして拉致の可能性を排除できない方は八八三名もいるそうです。北朝鮮は、一刻も早く拉致してしまった方々を帰国させるべきだと強く思います。

私は拉致されてしまっためぐみさんや横田さんご夫妻と同じ様に悲しみを抱いている方がたくさんいると知り、拉致という自由を奪い、理不尽な行為を絶対に許してはいけないと思いました。だから拉致してしまった全ての人を帰国させるべきだと思います。けれどその方々の失われてしまった時間、家族と一緒にいるべきだった時間は戻ってくる訳ではありません。時間は限られていると思います。私は拉致問題が解決の方向に進むため、できる事を考えました。一つは拉致問題を多くの人に知ってもらい、関心をもってもらうことです。そのために私は作文を書かせていただきました。これからも作文を書かせていただきたいです。拉致問題は政府だけでなく民間団体も解決にむけて活動しています。しかしまだ中学生である私がその活動に参加するのは簡単ではありません。だから自分ができる事を一つ一つ一生懸命取り組んでいきたいです。もう一つは絶対にあきらめないという事です。四十年遅れてしまっためぐみさんの、「ただいま」を。日本と北朝鮮を結ぶ空と海の色のブルーリボンを胸に全ての人が笑顔で帰国できる日を絶対にあきらめてはいけません。早紀江さんが言った『何もないという事の幸せ』が全ての人におとずれる事を私は信じたいです。いつか私は、安倍総理の様に拉致問題を解決する内閣の仕事に就きたいです。たくさんの苦しみを味わった被害者の方が笑顔になれるようにこれからも自分ができる事を誰かのためになる事をしていきたいです。

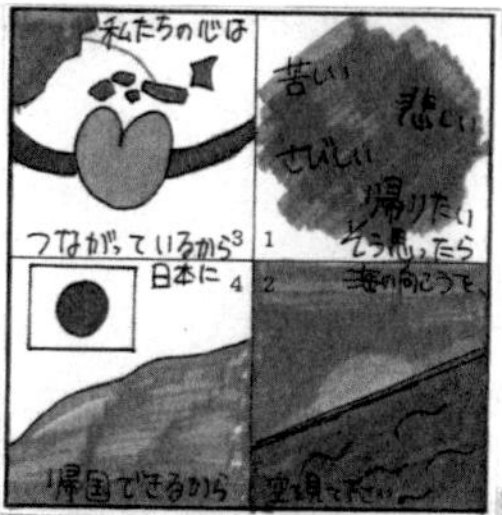

めぐみさんが私達に伝えたいこと

めぐみさんは、「人生は一度きり」。だから、思いっきり楽しんで！と言いたいと思います。めぐみさんも、もっと、家族や友達とたくさん笑っていたかったと思うから。きっと、後悔していると思うから、1日1日。1分1秒を大切に生きていこう!!

北朝鮮で歌われたふるさと

私はひとみさんと毎日2人で童謡のふるさとを泣きながら歌っていました。北朝鮮では、はやく日本に帰りたい、日本の大自然でこの「ふるさと」を歌いたい…とずっと思っています。皆さんは家族と当たり前のように笑ったり、楽しく話すことができます。時には、しかられたりして「いやだ」と思うこともあるかもしれません。しかし、私には今のままでは家族と笑ったり、しかってもらうことさえできないのです。

皆さんたちは「自分は恵まれているんだ。幸せなんだ」ということを忘れないでほしいです。そして、自国にもどれず両親とずっと会えないでいる人がいるということも忘れないでください。

数ある人の中から
彼女が選ばれ
2 彼女の家族が…
彼女の友人が…
これが
悲しみの連鎖
です

たくさんの
つらい感情
苦しい
悲しい
でもあきらめないで
目を開けば
嬉しい
安心
温かい感情
みんなはめぐみさんを待っています!

あの拉致が
奪ったもの…
家族の思い
めぐみさんの人生
全てを取り戻すために
めぐみさんを
思い続けます

北朝鮮と
日本
2つの異国は
1つの空の下で
繋がっています。
どんなに離れても
家族の絆は切れません
めぐみさんが
帰って来ること
ずっと信じています!

私たちは、「拉致」に対して、目を背けている人に言いたい。あなたは、大切な人が突然居なくなったら、何を思うだろう。そして、何をするだろう。きっと、横田ご夫妻と同じような行動を、取ると思う。その時、見向きもされなかったら…。もう一度、その現実をうけとめてほしい。
向き合う
Face
to
Face

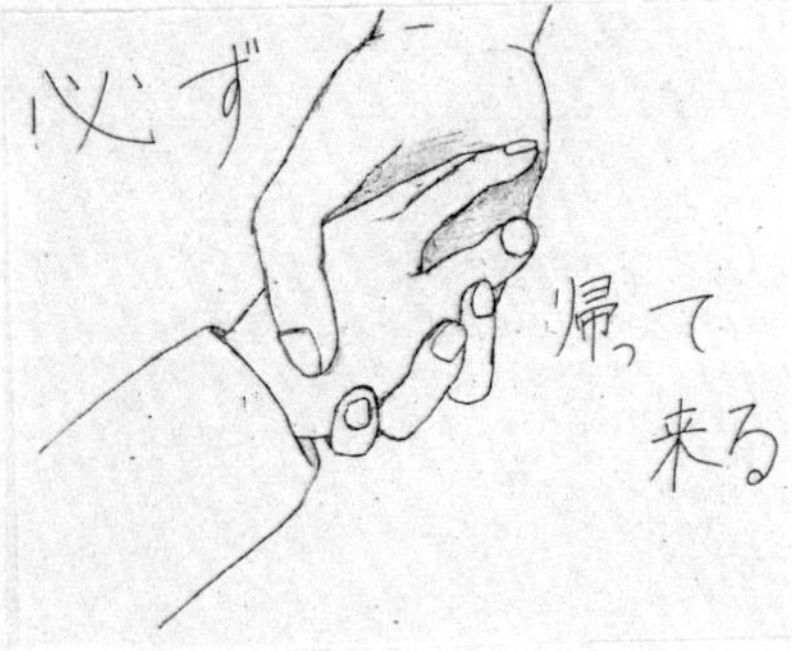
必ず
帰って
来る

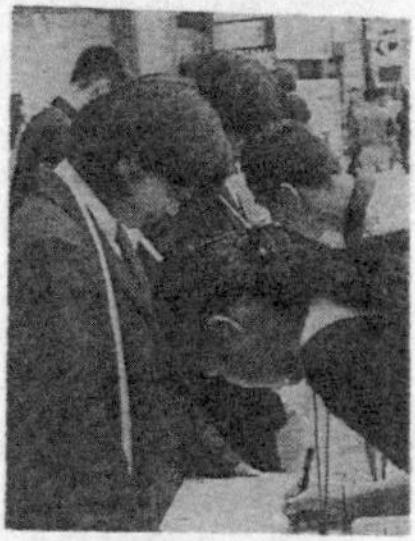

第2章　人間力・正義・命の教育

荒れた中学校で培った生活指導の信念・教育魂

命の尊さへの感性・拉致問題署名活動の原点

30年前の某日、シンナーを吸いながら学校を出て行く生徒を尾行した。公園に着くとベンチに座り静かにしていたが、見るに耐えかね彼が手にしている物を咄嗟に取り上げた。彼はすごい形相で追いかけてきた。狂った様に暴れ出し、至近距離から何度も石を投げながら、「返さないとぶっ殺す」と喚いた。しかし「これは絶対に返すわけにいかないんだ」と両腕を摑み強く説得し続けた。やがて彼は一瞬悲しそうな顔をしたが、暴言を吐きながら帰っていった。場所は富士森公園、八王子の中学で担任だった生徒の話である。

当時自分は未熟者であり、シンナーで陶酔している者を刺激した場合の危険性を知らず、同僚の先輩教員に後から叱られた。興奮した彼が私を狙って投げた石は、駐車場の車に何度も当たり多数が損傷した。彼は野球部で捕手として活躍していたが、肩を壊し野球から遠ざかって以来非行の道に走り、激しい喧嘩と暴走行為に明け暮れていた。

そんな彼からある日突然電話があった。中学校を卒業後、少年院や刑務所で長期間お世話になったらしい。「あの頃は本当に色々迷惑かけました」とやけに明るく話す。「あの時は悪いけどマジで先生のこと殺そうと思ってたよ」と卒業前に呟いていた彼とはとても思えなかった。しかし、「娑婆の空気はやっぱりいいですね」と電話口で話す彼のハイテンションな口調は、すっかり更生していることを示していた。久里浜少年院から始まり、水戸や網走を渡り歩いた彼を、周りの同級生も最初は恐れ警戒していた様だが、今は建築関係の仕事と地域の野球等に励む良き一市民となり、司法試験にも挑戦しており、合格の日は近い。

とにかく我武者羅に直向きに一心不乱に生徒指導に打ちこんでいたあの頃の教育と、管理が強まった現代の窮屈な教育の差はあまりにも大きい。「一体教育とは何なのだ」と模索するきっかけとなった生徒である。

生徒達に「生きる力」をつけさせるために、水谷修氏（5回）を含め20人の方々による講演会、高齢者・障害者施設での福祉体験など「命の尊さ」についての感性を高めるための様々な企画を数多く実践してきた。しかし生徒とぶつかり、命懸けで関わった体験に勝るものはない。「人は時間が経てばこんなに変容できるものなのか」激しくいじめられていた生徒が社長に、偏差値40前後の子が心臓外科医に…その他頻繁に人生の逆転劇を目にし、人間は努力次第でいくらでも変わることができると今まで何度も痛感してきた。そこで今回は、今までに問題行動指導・道徳の授業などで何度も熱く生徒に語り続け、着実に生徒の人間力を高め続けてきた体験を紹介させて頂きたい。

【登場人物：参考】

（女子N）八王子の暴走族「綺麗」に所属していた。深夜、シンナーを吸いながらバイクに同乗していた友人が事故に遭遇、自分の目の前で命を落としたことが人生の転換期となる。

（男子O）金属バットで乱闘を繰り返す。少年院退院後、水戸刑務所・網走刑務所等を転々とする。現在は極めて真面目に生活。

地域から連日苦情の電話がかかる。その都度シンナー缶・雑巾・クレンザー・バケツ・デッキブラシを抱えて急行する。スプレーによる激しい落書きを何百回も繰り返されても只管消していく。正論を言っても親を呼んで指導しても悪循環。何故生徒達は分かってくれないのかと、滑り台やベンチの落書きの前で時に呆然とする。公園にいる大人は冷ややか、かつ醒めた目で遠巻きに見ている。何も知らず無心で遊ぶ子ども達が「何してるの？」と無邪気・不思議な瞳で声をかけてくれるのが僅かな癒しとなる。学校に手紙を送りつける地域住民もいる。「学区に何度も落書きがあるのは教員として恥ずかしく情けないことではないですか？」と書かれる。深い事情も知らぬ地域住民が、ギリギリの線で格闘している現場の内部事情を理解しようとせず、只表面だけを見て批判してくる時は悲痛な思いに苛まれることもある。

これは以前、勤務校が荒れていた頃の日常の一部である。落書きは、壁・トイレ・路上至る所にあった。批判覚悟の上、結局連れて行かざるを得なかった修学旅行では、サングラス特攻服姿で二条城や東大寺を渡り歩く者もいた。他の仲間達も裁判所や路上に「喧嘩上等」「打倒〇〇警察」と落書きし、学校間抗争の合間には教室で焚き火をしていた。目を離すと消火器をばら撒き、校舎破壊・器物破損・盗難・暴力事件の連続で苦悶の日々が続き、正直警察も手に負えなかった。今では考えられないが、私達現場の教員は常に無防備・素手で相対した。卒業式後の歓送時には、学校の周りを延々と無免許運転のバイクが走り回っていた。情けない話だが、当時は日々修復作業や謝罪などに追われ、一日を終わらせるのに精一杯だった。市内は男女共に暴走族が乱発しており、シンナーを没収した派出所が襲撃され、命の危険を感じた警察官がやむを得ずシンナーを返してしまう事件も起こった時代である。

この最も荒れた時代の卒業生が開く同窓会に招待された。

「先生ったらいきなり私の足を摑んで投げ飛ばしたから、あの時思いっ切りひっくり返ったんだけど」女暴走族に入っていたある生徒の第一声。校内で最も手がかかった女子生徒で、足首までの長いスカート姿を注意した私の急所を蹴ろうとした瞬間の出来事らしい。当事は目まぐるしい日々の連続だったが、複雑な家庭環境を持つ彼女の心と言動の荒廃ぶりや、大人への憎しみの瞳だけは覚えていた。異装、対教師暴力・暴言、シンナー、暴走行為など数え上げたらきりがない。そんな彼女が大学を出て、現在は歯医者で勤務していると聞き驚いた。自分の目の前で友人が事故で命を失って以来、人生の針路を変えたと話していた。辛い境遇を隠しつつも、過去は断ち切り、これからも前向きに強く生きようとする意志が彼女の瞳に漂っており、過去の「悲・憎・涙」は笑顔に変わっていた。

そして今度は最も学校に迷惑をかけた男子が突然「あの頃は迷惑をかけました」と舞台上でマイクを持ち全員に謝った。担任を受け持った中で最も苦労をかけ、一時は私を殺そうと暴れた生徒だ。卒業後10年間の刑務所生活で自分の人生について真剣に内観し、更生した姿を参加者１００名に見せた。彼から直接手渡された重い花束には、人間の不思議さ・可能性、教育の真髄・信実、そして深謝の心がずっしり詰まっていた。

何故彼らがこんなに変われたのか。当時私が２人に教えたことは何だったのか。親や地域からも罵られ続け連日悪戦苦闘、怒濤の様な生活指導に追われた日々。正直何者同士が共感できる温かさが、そして「学校」があった。

場とはかけ離れた人間臭さも職員室にあった。そこには涙や苦悩と共に命を削り合う

た。最後まで見捨てず、いつ教員を辞めても良い覚悟は忘れなかった。官僚的教育現

えるのに今の１００倍は苦労した。逃げずに心も体もお互い本音でぶつかり合ってい

が何だか分からないまま卒業させてしまった感は拭えない。しかしあの頃は一日を終

　指導の限界を超えているにもかかわらず、校内で課題生徒ばかりに向き合い抱えす

ぎるのは、周りに悪影響を与え続け一般生徒の多大なる迷惑となるのが現実である。

確かに手に負えない指導困難生徒に対しては、積極的に外部機関へ処置・再教育を依

頼するのが常識であることは言うまでもない。大人の必須共通理解事項だ。しかし学

校には様々な生育歴の中学生が何処にでも数多く存在する。「父親と共に１００件近

く泥棒の手伝いをさせられる、親からろくに食事が与えられない、お仕置きは柱に

ロープで縛られ長時間トイレにも行かせてもらえない、何度も繰り返し親が離婚し家

に居場所が無い」など様々である。夫婦仲が悪い、仕事が多忙で構って貰えない等、

家庭・親への不満に対する抑圧された憤りや口に出せない悔しさを充満させている生

徒は今も昔も数多くいる。そこで真正面から衝突することができ、或いは逆に外に発

散できず自傷行為・うつ病など自分を破壊していく行為に走ることを止めてくれるの

は、やはり最終的には現場の教員しかいないのではないかとこの２人の生徒と再会し

て熟慮する様になった。

生活指導主任として20年以上、今まで各警察署・鑑別所・少年院へ何度も足を運び大変お世話になってきたが、決して忘れてはならないのは外部・他の機関に頼りすぎる指導を繰り返しても生徒の心には何も残らないという自明事項だ。反面、生徒に舐められっ放しで後手ばかりの指導では、けじめをつけさせるという大切な社会的責任を放棄させることになる。ではどうすれば良いか。只これだけは確実に言える。煙草の吸殻・ゴミ拾いや落書き消し、破損物の修理等、「自分はこんなことをするために教師になった訳ではない、こんなことやっていて何になるのか」と、連日自分を狂わせる程に悩ませ苦しませる仕事を繰り返してこそ、生徒の心には必ず目に見えない大切な何かが残るはずだ。この確証を得るのに長い年月を費やしたが、今から思えば貴重な体験・再会であった。現在の生活指導の場面でも土壇場でこの2人のことをよく生徒に話すが、最も真剣に耳を傾け心に響く。

「時は流れる」「悔しくて眠れない夜が続いても見捨てず正面から関わりぶつかり続ければいつか必ず心は通じる」「人生苦しんでいる事に決して無駄はない」

定年を過ぎた残り僅かな教師生活でも、培ったこの信念を決して忘れず真摯な指導を継続していきたいと考えている。

本物の感謝力・不撓不屈の人間力を持つ生徒

【世田谷学園高校時代に出会った、平成の三四郎・古賀稔彦の人生哲学】

35年前の教え子から便りが届いた。色紙には「一生精進、常に前進」と書かれていた。

講師を務めていた頃、2年のスポーツクラスに古賀稔彦という生徒がいた。当時は週3回基礎解析という数学を教えていたが、猛練習疲れの皆の目が覚める様な、試合に役立つ含蓄ある話をしてくれと毎回頼まれ、真面目に授業をしたのは2割くらいだった記憶がある。全国1位だった彼を目標に、仲間達は若き青春の全てを各スポーツに懸け、共に全国の頂点を目指しながらお互いに人間力も高め合っていた。特に彼は最も文武両道面で優秀、年中教卓前に座り背中で皆を導き、時には重量級2人の教室での激しい喧嘩を割って入り止めることもあった。大会出場停止処分にならないための配慮も忘れなかった。

彼の脳裏には常時、「勝つ覚悟・負ける覚悟」があった。いつか必ず終わりが来る限られた人間の一生、「生きる覚悟・死ぬ覚悟」と同様、尊き人生「思うようにいかない覚悟」も必要だと、心のどこかに必ず抱いていた。だからこそ、ソウル五輪3回戦負けの挫折を乗り越え、足を負傷しながらもバルセロナ五輪では金メダルを取れたのだろう。

　彼の高校時代の試合はとにかく凄まじかった。「柔よく剛を制す」の言葉通り、常に土壇場で重量級の選手を投げ倒し会場を沸かせた。武道館での全国大会（天理・東海大相模戦など）、勝てば1人で何回でも闘える団体戦で、71kg（中量級）の体が重量級を連続で倒す姿は圧巻であった。如何に不利な状況に陥っても、マイナスをプラスに転化する術と精神力で何度もピンチを克服した。どんなスポーツの試合でも、99％劣勢となり精魂も疲れ果てると、「もう負けても仕方ないか」と呟きたい心を誰もが持っているが、彼はいかなる逆境でも決して弱気にならず、全ての苦難を自分のエネルギーに転化した。

　数学の授業では、時々超難解な迷路やパズルをやらせたが、周りが諦めても彼だけは最後まで必ず挑戦し続けた。ある日、「どんな大きさの紙でも、数学的には最高7回までしか絶対に折れない」という命題に対し、自慢の怪力を使い「先生8回折れたよ」と私に見せに来たことがあった。不可能を可能にする彼の執念は、今までの1万人に及ぶ教え子の中でトップ級だった。文武両道の精神も立派で、生活面でも常に他の生徒の模範となっていた。

彼の脳裏には、「できるわけがない」「無理」という言葉は皆無で、どんなことにも可能性を見つけることこそが真摯に生きることだといつも柔道で表現し続けていた。

彼の奇跡的な快挙と高校時代の礼儀正しい謙虚な言動は、今も自分の指導理念に生かされ続けている。

今後も教育現場で彼の生き様を伝授し続け、一見不可能なことでも、気持ち１つでいくらでも可能にできるという「人生の極意」を決して忘れず生徒指導・拉致問題を通した人権教育に当たっていきたい。

《２０２１年春、彼は天に召されました。斎場で呆然と立ち尽くし、２時間近く柔道歴史・五輪物語に見入っていました。日本一の勇者・古賀稔彦君のご冥福を心よりお祈りし、これからも語り継いでいきます。合掌》

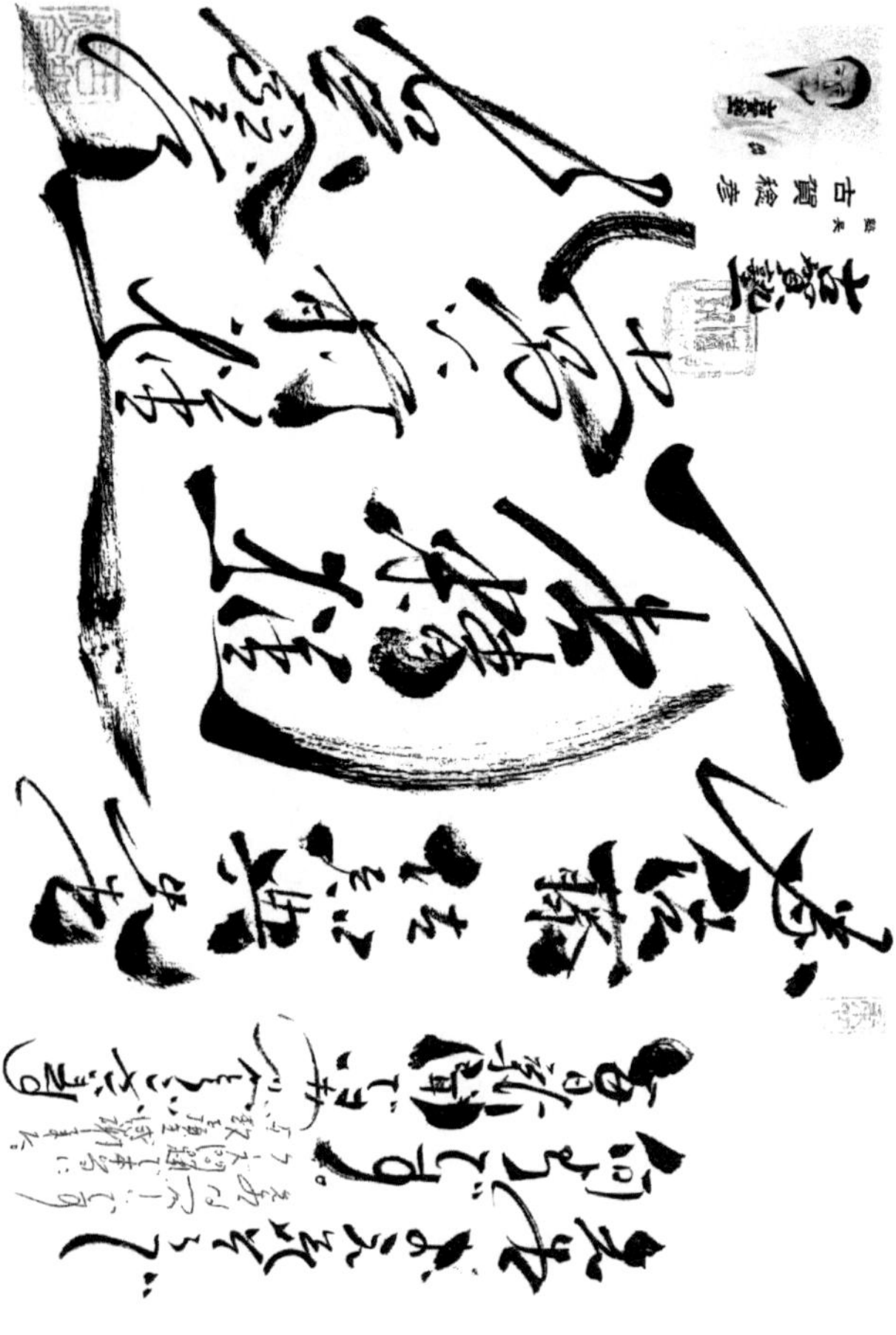

真のツッパリから学んだ生への執念・命の尊さ

【富士森高時代に出会った、大畠充君の壮絶な人生の話。当時担任は元秋留台高等学校長・元八王子拓真高等学校長磯村元信先生】

　都立高校講師時代に出会った男子生徒の話である。彼はいつも、遠くを見るような瞳で授業を受けていた。無駄口も叩かず、1人でいる時間が多かった。私に何かを伝えたがっている雰囲気があったが、これと言った会話もできないまま転勤した。

　半年後、突然彼の訃報を耳にした。当時彼は末期の骨肉腫で、余命僅かであったらしい。大学病院入院時、ホルマリン漬けにされた夏目漱石の脳を発見したこと、生きる苦悩を看護師に相談した様子が闘病記に記されてあった。親と担任以外は誰にも病名・余命を告げず、自分の運命を悲観する言葉も一切表さず、1人で耐え続けていた。中学校時代は、単独で他校にケンカに出向く、正しく一匹狼のような少年だったらしい。東大病院に入院するため1年留年したが、病気を隠し通し生きる信念を行動で貫き通していた。私は彼の苦悩と壮絶な闘病を知らなかった自分を心から恥じた。

　任務を終え勤務最終日、週3回の非常勤講師に過ぎない私のために生徒達が盛大にお別れ会を開いてくれた。別れを惜しんでくれる生徒達がごった返す中、いつも神妙な顔つきをしていた彼が、会の最後の場面で遠巻きに突然、何故か初めて私に微笑んでくれた。あの不思議な感触と感動・喜びは今でも忘れられない。

彼が亡くなって24年後の冬、当時の担任（磯村元校長、2021年NHK「クローズアップ現代」に出演）に命の講演会を依頼した。「君達は決して親よりも早く死んではいけない。このことに理由はありません。人間とはそういうものです。」いじめ・誹謗中傷による自殺が現在も頻繁に報道される中、闘病記を読みながら2年間彼を受け持った体験談を熱弁して下さった。

学校現場や街角では、相変わらず奇異な格好や髪型で歩く次元の低いツッパリがいる。しかし孤独に耐え、病気を隠して学校に通い続けた彼こそが、自分の心に打ち克つ勇気と男らしさを持つ「真の突っ張り」であった。彼の壮絶な人生・勇敢な生き様については今後も中学生に語り続けていきたい。命愛しむ心を育み続け、生命の尊厳について様々な角度から生徒の感性に訴えていくこと、そして、めぐみさんの帰国を生徒と共に信じ切る純粋性を保持することが、教員としての貴重な使命であると肝に銘じる原点となっている。

教え子達に感謝

電車や街角で卒業生に時々会う。散々厳しく指導した生徒と話す度に冷や汗をかく。毎日の指導で怒鳴られ続け「先生って何でこんなに厳しいんだろう」と日々悩んだ部活の生徒、少年院で過ごし「あの頃は本当に色々迷惑かけました」と笑顔で謝る生徒等様々だ。有難いことに殆どの生徒は厳しかったことに礼を尽してくれる。

圧力をかけ過ぎて生徒が目の前で気を失い倒れた頃から、頭が沸騰することも減っていった。最近は「何だか先生じゃないみたい」とがっかりした表情で呟かれることも多くなった。卒業生から教わる貴重な時間だ。

逆に、「天に吐いた唾は必ずいつか自分に返ってくる」「感謝力こそが真の自由」「親やご先祖様を否定することは自分をも否定する最も悲しいこと」等、以前私が叫んだことを思い出してくれる者も多い。「卒業してから厳しさの有難味が分かってくる」と話す生徒達には心から感謝している。

（追記）

自らも体調を崩し、血尿が止まらなくなり不整脈も出た頃より「鬼から仏」に転向しました。しかし甘い指導は猛省、今時の生徒にはやはり厳しさが必要です。親を心から許してこそ初めて非行少年は立ち直るということ等、多くを生徒から学ばせてもらいます。

どんなに子どもが言うことを聞かなくても、非行や犯罪に走っても、いくら疎遠な関係になっても、親は絶対に諦めてはいけません。世界中の人々が我が子を否定しても、親だけは最後まで最大の味方でなければならないだけです。

様々な教育論の技法が今も世間で出回りますが「命があるだけでもありがたい、感謝する!!」「どんな廃人になろうとも我が子を心で抱きしめる」この覚悟がないところに教育も人生もありません。「どんなにボロボロな姿になっていても、めぐみを抱きしめてやりたい」早紀江さんも語っていました。

教育界の羅針盤はどこへ

30年程前、様々な生活指導困難校で多くの教師が奔走する日々が続いた。至る所で校内暴力事件が多発し、酒に酔った生徒が回し蹴りで教員の命を奪う事件など対教師暴力は当たり前、女性教師も抱っこひもと乳母車で通勤し、休日は子どもを抱えて生活指導をせざるを得ない生活も周囲にあった。30人のエスケープ集団を注意しにいくと、火のついた煙草を投げつけ狂った暴言を吐く生徒、夜中12時を過ぎての職員会議、苦悩の連鎖が果てしなく続いた。

時は過ぎ、問題行動の件数はめっきり減った。それでも様々な挫折を経た卒業生が頻繁に来校する。ある生徒は事件後、留置場を経て暫く刑務所に入って躁鬱病になり、精神安定剤をはじめ様々な薬なしでは生きていけない体になった。そして刑期を終え、出所してからは薬から離れ、暫くは無気力状態で「もう何もかもどうでもよくなった」と思い、暴力団に入る寸前までいったと語った。幸い現在は大工に復活し、一生懸命働く日々。「先生、やっぱり人間働かなくっちゃだめだね。働いて汗水流せば飯も旨いし、よく眠れるし最高だね」と笑顔で呟いていた。

最近の教育現場では、生徒と触れ合い本音でぶつかり合う時間よりも、机上でパソコンに向き合う事務処理の時間の方が増えている。日本全国全体的に一見平和になったとはいえ、本物の教育はどこへ行ったのか今も模索している。

（追記）

今まで様々格闘してきた卒業生達が、今後進む日本社会・教育界の羅針盤になっているのではと考えることがあります。

人生に答えはありません。ある日の正解はいつか不正解になり、不正解が正解になる時もあります。しかし今の社会は、強迫神経症的に石橋を何度も叩きすぎて、大切なものを壊している時代になっている気もします。教育現場以外でも、同様な意見を耳にします。

心の教育と宝物

教員生活40年間、皇后様や首相達に絶賛されたプロ料理人・医師・議員・教師等、卒業生が多方面で活躍貢献している情報が入り、誇りに思うと同時に多大なる恩返しを受け、今も感謝している。

日本一厳しく将来を見据えた生活指導を目指していた。しかし９割は苦悶の連続だった。放火・暴走行為を繰り返し、シンナーを吸い凶器を振り回す生徒達とは、当時警察には頼らず素手で闘った。やがていつの間にか、共に喧嘩し合った教え子達も優に50歳を超えた。情報端末ではなく、宮城まり子さんの様に肢体不自由生徒達と生の心で触れ合い、学力を支える真の「人間力」と魂が弾け彩り合う教育を追求し続ける大切さは今も昔も変わらない。

生徒達と共に喜び・怒り・哀しみ・楽しみ、共に学び・悩み・走り・歌い、共々夢追い求め、親孝行・先人達への畏敬の念を肝に銘じ合ってきた、平凡な一教師として終わりを潔く迎えようと考えている。

命の灯火　東北全国大会

東日本大震災では、数え切れない悼みが報道された。「大津波から逃れるため2人で走っていたが気がつくと1人がいつの間にかいなかった」「病院3階まで浸水し入院患者がベッドごと流され行方不明になった」「目の前で大切な人が流されていくのを見て何もできなかった」どれもが壮絶だ。「バスごと流されてしまい、発見された時には2人の園児が抱き合って息絶えていた」という話は涙を誘った。

彼らは津波に流されながら、誰を思い、誰に叫び、何を伝えたかったのだろう。どれ程辛く、大声で泣き叫び、恐怖に怯えただろう。人の命がこれ程まで一瞬に、いとも簡単に失われることに全国の人々が最大たるやるせなさを感じたはずだ。

今年の全国中学校体育大会は東北地方で行われた。各選手達の供養の心が犠牲者の方々の魂に響き渡り、命を愛しむ素晴らしい大会になった。

（追記）

「厳しい運命と命がけで闘い、息絶えるまで最後の一瞬まで助けてくれと叫び続け、もっと生き抜きたかったであろう、生き残っている人々へ何かを必死で伝えたかったであろう犠牲者の方々のことを、私達は一生忘れてはならない。」生徒と共に何度も悼み、この先は粛々と真摯に生きていくことをお互い誓い合いました。

宮城県の体育館（荒川静香が育った、利府町のセキスイハイムスーパーアリーナ）で行われた全国中学校卓球大会の役員（委員長）を務めていました。そこで、津波の被害に遭遇した数千ものご遺体が体育館のフロアに横たわり、様々な悲痛極まる涙が流されたと聞きました。冷凍保存で２ケ月保管も、水で顔が膨れあがりＤＮＡ鑑定無しでは身元判別が難しかったそうです。多くの悲しみを超え、その後はサザンオールスターズ・ミスターチルドレン・嵐などのコンサートが催され、（急遽リンクも作り）浅田真央さんも滑走したそうです。その様々な想いを残した大舞台で、中学生の全国大会が行われたのは感慨深いものでした。

公正と平等

２０１８年、日本中学校体育連盟の会議で、学校現場での部活動制限の話題になった。毎週２日の休みをとること、練習時間は平日２時間、休日３時間以内にする等の新しい規則について、全国の現場では困惑している現状が明らかになった。練習時間が長く、顧問や生徒が負担に感じていれば、多くの休みを設定すべきなのは誰もが賛成である。だが高校野球の様に、今まで通り活動したいと考えている部員・保護者に対しても、一律に時間や日数を制限する方針はいかがなものか。高野連が反対していた。

柔道五輪メダリストの山口香氏も、「時間にとらわれずに大人の対応をすべき、あくまでも柔軟に実践してほしい」という見解を示していた。休日活動を地域人材に任せるのも有効だが、１人の生徒が日常的に接している顧問・様々な教員・先輩後輩仲間・他大勢から多角的に見守られており、その恩恵は今後の人生上、非常に貴重であることも常に考慮して頂きたい。

この様な真実を色々紹介しても、ガイドライン作成委員会の記録には掲載されないと伺った。真の公正と一律平等の違いをはき違えることなく、様々な教育的配慮も再び真剣に検討して頂きたいと切に願っている。

（追記）

真っ当なる教員達の、現場での素直な声です。日々一生懸命、部活動指導を通してほぼ無報酬で人間教育に取り組んでいれば、以前は結果は出ずとも多方面から感謝されていました。ところが、部活反対派による策略的なるネット拡散を通して、部活動のイメージがあっという間にブラック化し、現在は練習をやり過ぎると教員が処分される時代になってしまいました。真の人間力を養うための熱心な部活指導を制限していくと、日本の伝統的・精神的な共同体も、益々崩れていく危険性が潜んでいると考えています。

卓球の張本選手は中学入学後は殆ど休みなく、日々6～8時間の練習をしていました。エリートアカデミーに所属し、将来のオリンピック金メダル候補を育てるため、日本の名誉のためならば特別扱いされ、逆に公立の学校現場からは有望選手を育てる必要は無いということでしょうか。泥臭くとも、日々必死に人間教育の責任を果たしている教員が全国で努力継続している実態をご理解願えればと思います。

語り継ぎたい　奇跡と命の歌

昭和27年、フィリピン・マニラ郊外刑務所の日本人戦犯死刑囚が作った「あゝモンテンルパの夜は更けて」という曲が日本で大ヒットした。「強く生きよう倒れまい日本の土を　踏むまでは」という歌詞には100名以上の日本人捕虜達の「生への執念」が込められていた。彼らの心の支えだった教誨師加賀尾氏の尽力で、この曲の悲痛極まる魂をキリノ元大統領が心で受容する機会があった。そして、日本で集められた500万の助命嘆願書も政府を動かすこととなり、全ての捕虜達の特赦と帰国へと繋がった。

先日の道徳の時間、当時の様子とこの曲を中学3年生にビデオと資料で紹介したが、全員が吸い寄せられる様に画面に集中し、奇跡の実話に感動し切っていた。「授業で習った歴史は全てではない」「日本人として知らなければならない真実を何も知らなかった自分が悔しい」「戦後もまだ苦しんでいる方がいたとは知らず申し訳ない」生徒達の感想文である。

命の連鎖・尊厳についてはこれまでに数百通りの資料を提供し、様々な角度から指導してきた。彼らは卒業していったが、自分達の命が如何に多くの犠牲によって成り立っているかを毎朝感じ、一生肝に銘じて強く生きていってもらいたいと懇願している。

（追記）

渡辺はま子さん（歌手）の行動には、戦前・戦後共に賛否両論あったでしょう。しかし、「戦争が悪いのだ、憎しみを持ってしても戦争はなくならないだろう、どこかで寛容が必要だ」と話したキリノ元大統領（自身の妻・娘も日米の市街戦で犠牲）の許容心に、卒業生達が感銘を受けたのは事実です。

帰国した元死刑囚の長女（尾畑慶子様）に本校まで来て頂き、講演会も実施しました。

親から愛されたい子どもの声

この世には、様々な理由で短い人生を終えてしまう幼子が多数いる。激しい虐待で親に殺された子が生前、児童相談所員から色々尋ねられても、「親は悪くない」と父母を一生懸命庇う事例はよく報道される。

ある寺院の住職が話された。親に酷い仕打ちを受け捨てられ亡くなった子は、三途の河原でいつまでも石を積み上げる。その間、子は決して親を恨むことなく、父母が迎えに来てくれること、抱きしめてくれることを、ずっと泣きながら待っているという。

「今現在、肉体的又は精神的に我が子を痛めつけているお父さんお母さん、どうか子どもの無言の声、悲痛きわまる叫び声に耳を傾けて下さい。信じられないかもしれませんが、あなたのお子さんは今まであなたの幸せを願い、そしてこれからも親の愛を信じ続けるのですよ。この世に誕生できなかった命についても同じです。」

交通事故ゼロの日本を祈願

先日、交通事故で愛娘を失った男性の講演を聴く機会があった。

登校中に前触れもなく突然トラックの下敷きになった我が子の姿を発見し1人で3トン車を持ち上げようとした父、車の下にもぐり込み何度も声をかけ続けた母、最後まで生き抜こうとしていた娘の命が助かるなら親の命は消えてもよいと祈った両親の話が進むにつれ、会場中は静まり返り涙に覆われていった。ズタズタになったランドセル、真っ平になっていたペンケース内の鉛筆、そして丸太の様に固くなった娘の姿と対面し、氏は悲痛の極みに心が砕けそうになったという。

ルールを守っていた我が子がルールを守らぬ大人に命を奪われた理不尽さと、氏は今も格闘している。全国どの事故にも1件1件に壮絶な命の闘いがあり、命を失った誰もが死にたくなかったはずだ。交通事故ゼロの日本を創ろうと連日訴え続けている氏の執念を、私達大人が真摯に心から感じ取り、今後も伝授し続けていく責任を痛感した。

（追記）

国立オリンピック記念青少年総合センターにて、東京都内全域に亘る小中学校（2400校）生活指導主任全員を対象に、安全指導研修講演が実施されました。戦争・大震災・凶悪犯罪等、理不尽な被害に遭った家族の方々にとっても痛恨たる共通な思いがあるとお察し致します。

「娘の命が助かるなら、私達の命を消して下さっても結構ですと祈り続けました。頭・頬を含む全身が壊されていましたが、目は開いていました。眼球の中は真っ赤でした。救急車の中で手は温かく、一度だけ心臓も動き、1時間半もの間最後まで懸命に生きようとしていました。顔形は変わり果てており、皆で治してあげました。10年前の生まれたばかりの姿や、市役所へ名前を届けた頃を思い出しました。裁判中は重たい空気が流れていました。『前の晩寝ていなかった、小さくて分からなかった、携帯電話が鳴っていた』等、原因は些細なことでも結果は重大なのです。もっと交通安全について何度も注意呼びかけをすれば良かった、娘に申し訳ない。命を懸けて娘が訴えたがっていたことを、どうぞおくみ取り下さりご理解頂けます様、皆様心よりお願い申し上げます」会場中が静まり返っていました。

1人の人間として

「この地球の深い海底真っ暗闇のどこかにあなたがいて、今から目を瞑ったまま真っ直ぐ海面に向かって上昇していきます。一方、やはり地球のどこか分からないある海面上に浮き輪がプカプカ浮いています。この時あなたが全く偶然にこの浮き輪をくぐり抜ける確率、それは昆虫・魚・動物など数百万種類の生物でもなく、尊い『人間』としてこの世に誕生したという奇跡的な確率です。この話を信じるか否かは皆さん次第です」離任式で聞いたこの話をずっと覚えていますと、久しぶりに再会した元同僚（元羽村特別支援学校長・田口克己氏）が感慨深く話してくれた。

今生きていることは当たり前ではない。この広い宇宙の中、他の生物ではなく奇跡的に人間として誕生でき、戦争・大震災・事故・病気など無数なる様々な犠牲の連続上に「今日この瞬間」がある。日々忘れがちなこの真実を、何万回呟いてきたことだろう。

この世に人間として存在する奇跡

生まれつき両足が無く不憫に思い共に心中しようとしていた我が子が、ある朝必死に這いつくばり呻きながら両手で歩く姿を見た瞬間、「生きるとは何か」命の尊さに目覚めた母親。私の夢は自分の力で息を吸うことですと静かに主張し続ける、長年寝たきりで人工呼吸状態の男性。５００人乗りの飛行機が落ちると当然世界中の大ニュースになるが、普段は報道されず飢えや病気等で1時間毎に亡くなっていく５００人の乳幼児。異国の地で無念かつ理不尽な死を遂げた幾多の無名兵士や戦争犠牲者達。

10年以上盲目・暗黒の世界で暮らし、ある日川の冷たい水を生まれて初めて目にすることができ感動した少女。余命僅かで明日が来ることは奇跡だと祈り、今日も懸命に生きている闘病者、ＡＬＳ42歳の男性……。

この様な話をしても、無気力・リストカット・自他共に命を粗末にする言動は絶えない。携帯電話によるネットいじめは最たるものだ。誹謗中傷・天に吐いた唾は必ず自分に戻ってくるという感覚が育ちにくいのが実感だ。

ネット社会に生きる生徒達に、今後も様々な角度から「命の尊さ」を感じる機会を設けていく必要性を痛感している。

新聞投稿で鍛え抜かれた国語力

3月に卒業した生徒の都立高校国語入試得点で90点台続出、多くの難関都立受験を含め100人の平均点が初めて80点を超えた。力量高き国語科の教師は、謙虚に今年の問題が簡単だったからと話したが、学校全体で取り組んでいる「新聞投稿」の積み重ねが大きく影響を与えているとも指摘した。

入学時は何日かかっても作文用紙1枚すら書けず、校内テストでも5割以下、表現力に乏しく普段も殆ど会話をしない生徒が、3年間の投稿活動を通していつの間にか磨かれた国語力・人間力を身に付け、9割以上の得点者が大勢出たのは圧巻であった。

「投稿チャレンジ」。極めて優秀な社会科教員（芝田先生）が始めて以来18年、累計1000回以上掲載して頂いた。

進学先・就職先でも3年間培った思考力・表現力が役立ったと卒業生達が話してくれる。今後も質の高い洞察力・発信力を、社会で発揮してほしいと願っている。

神聖たる命の授業

水谷修氏による講演会を５回実施して頂いた。人間の「命」という名の「時間」の使い方についての話が生徒の魂に響き、毎回体育館中が感動で覆われる。悪性リンパ腫との長い闘病の苦労を顔に出さず、イエス・キリストの様な優しい眼差しと、命懸けの生きる執念に満ちた鋭い眼光で約束通り90分間、熱く真摯に語ってくれた。「命の連鎖・奇跡」「薬物の恐怖」「真の教育」についての話を通し、「目に見えない壮絶な力の結集のお陰で私達は有難く今日も生かされている」という真実が生徒の心に刻み込まれた。今年は、東北大震災の様々な被災者との出会いに関する体験談や沖縄戦の話などを通し、命の感性が強く植え付けられたが、「神や仏より文化を信じよ、畏怖するものを見つけよ」「努力し、子どもから『産んでくれて有難う』と言われて初めて本物の親になれる」と語る姿にも共感・感服した。「本来の自分を見つめ、生き方を変えなさい」「人間にとって真の幸福とは何か」人生の宿題も毎回全員に出され、生徒は成長していった。

2004年

21世紀に入り、現代っ子（中学生の年代）が家庭でどれ程学習しているか調査したところ、日本は1日平均約25分、世界32カ国中なんと最下位であったらしい（1位はギリシャ60分、31位はスウェーデン）。文部科学省が指導要領を1977、1989年に変え、現場（各学校）がその都度色々と動かざるを得なかったわけだが、学力・基本的生活力の急低下は周知の通り。

2002年からは週休2日制や総合的な学習・選択制の拡大に伴う凄まじい授業時間の確保対策。文科省は日本の学校を欧米化……要するに余計なこと（行事）は削減してとにかく授業中心の場にしようと考えてきた様だが、生徒のストレスは溜まり、学校がつまらないと感じ、家で勉強したくなくなるのは自然の成り行きでもあった。読み書き（基礎）はもちろん、学校のルールを守る意志・人の話を聞くマナー・清掃する美しい心・躾けられた引きしまった忍耐力など生活力（基本）が未発達なまま、自ら課題を設定し自ら考え行動し解決を図るといった総合学習を生徒に任せられるか？　といった声は当時各学校で当然の如く相当出ており、殆どの教員が現場の混乱を予知していたのは言うまでもない。春夏年2回の遠足、毎学期末実施した球技大会、学活時に毎月1度は行った学年レク（棒倒しや綱引き等）、校内意見発表（主張）大会……生徒実行委員による企画運営で殆どなされ、この様な数多くの行事が生徒の心にゆとりを生み、自治意識を植え付けていたのだが、この頃は学習する意欲・我慢強さも高かった。しかし懐かしがっていても仕方が無い。ただ、ゆとり（自由・権利・個性）の本質を教えることを放棄し、隠された責任感・義務感・忍耐力等を学ばせる貴重な時間も保障せず、表面的なゆとりばかりを叫び無責任でだらしない批判的な子どもを増やす様に一般世間に向けて迎合・八方美人的方針を打ち出してきた責任は非常に重いという現実は否めないだろう。全国の学校現場が悲鳴を上げ続けた21世紀のスタートであったが、どこも各教員がギリギリの線で体験に裏付けられた現場の勘でその時その年を乗り越えていかなければならない現状でもあった。（特に生活指導上話が殆ど通じない駄々っ子・ゲーム感覚幼稚的自我完成型小中学生・命を軽視する言動が、全国で今後も急増することは必至）

携帯電話を持たせる親の覚悟と責任

緊急事態宣言の煽りによる先が見えない自粛忍耐期間、某大学教授による「インターネットコオロギ」の実験を思い出した。コオロギ1匹を透明なプラスチックケースに入れ、周りのコオロギ集団を見ることはできるが触れあえないという環境に置いて育てると、凄まじい攻撃性を持ったコオロギに成長し、相手を食い殺す程の凶暴性を持つ様になるという結果を聞いて身震いした。

最近の学校現場では、携帯電話による誹謗中傷は勿論、ラインによる恐喝・いじめ問題が絶えない。どこの学校でも頭を抱えており、買い与えた保護者による無責任な放任で、被害者が続出。結局は学校で後始末し、警察の手を借りないと解決に程遠い事例も増えた。中学生1日当たりの携帯使用時間は1~8時間と様々だか、ネット社会という孤島に彷徨い、いつの間にか猜疑心と兇暴性だけが膨れ上がり、突如大事件を起こす若者が、これから一層増えていく可能性は高い。

この先、目の前の子が凶悪犯罪を起こす前に、携帯電話は薬物・凶器になり得るという危険性を、改めて親は責任を持ち深く自覚すべきだ。

人生の甲子園へ

２０２０年全国高校野球選手権大会が、戦後初の中止となった。礼儀正しく誇り高き日本の球児たちにとっての「恩返しの甲子園」は幻となった。

１９９５年の阪神淡路大震災、２０１１年の東日本大震災の時は、復興を合い言葉に開催された。今回はウイルス感染拡大の懸念で、「スポーツ等とんでもない！」という世論が大勢を占めていた。

「もし代替の大会があるなら、支えてくれた人に成長した姿を見せたい」某有名私立高校野球部主将の言葉が新聞に掲載されていた。彼がまだ補欠の頃、突然母校に現れ遅くまで職員室で話したことを思い出した。厳しい生活指導等で培った「人間力・感謝力」を今後も伸ばしますから見ていて下さい！」と、力強く希望溢れる表情で甲子園での活躍を誓っていた。その明るい笑顔が脳裏に浮かんだ。

最大限の知恵と勇気を振り絞り「人生の甲子園」で将来活躍するための舞台設定を考え行動していきたい。

２０２０年人間社会への警鐘

新型コロナウイルスに関しては、蝙蝠《こうもり》・ハクビシン等からの発祥説、生物兵器説など、世界中で様々な情報が流れた。「白人から迫害を受け続けた黒人が作り広まった」「欧州や合衆国に伝染したものは時間を追う毎に悪性進化していくタイプ」「数種類のウイルス合成物であるが1種類だけ地球上に存在していない人工的なものがある」など、どれが真実かは定かではない。

２０２０年より危機的状況に陥ったこの地球。年を追う毎に傲慢になりつつある人間社会に対して、神様が「命の尊さをもっと愛しみ噛みしめて生きなさい！」という警鐘を鳴らしているのではないかと自粛期間中、連日痛感していた。

戦争・震災・大津波・犯罪・病気をはじめ、命を感じ考える機会は、人間ならば幾度となく繰り返され与えられている。しかし21世紀に入って以来20年、今の世の中、人間社会は、他の動物や生物から見たら、どのように映っているだろうか。

先人達の叡智に学ぶ日々

「暫くの間、様々な制限・自粛をお願いします」と強い要請があり、２０２０年のゴールデンウィークは静まりかえっていた。その後中学校の現場では、交代制の個別相談や、学習・進路・家庭事情相談などの電話対応に追われていたが、平凡な生活への有難みを中学生・卒業生達はほぼ全員痛感した。

先日、昭和10年前後に戦争の時代を生きた方に最近の日本の状況、緊急事態宣言及び自粛生活について尋ねた。すると国民全体の危機感・切迫感は当時と比べれば微々たるものだと話された。テレビから流れるバラエティ番組、頻発する様々な政治・社会問題や犯罪・事件などを鑑みれば、しかも75年程前に連日発令された空襲警報、油断していた時に突然投下された爆弾の嵐、低空飛行から機銃掃射されたことによる被害災難、日常の食糧難・飢餓感、ネット情報やゲームなどあろうはずがない忍耐・我慢の生活、いつ離別の時が来るか明日が到来するのかさえ分からない日々を思い起こせば、至極当然の感想であろう。

電話などほとんど身近にはなく、写真店屋に出向いて家族の写真を一枚残すのが精一杯だった時代である。小学生からスマホを持ち歩いている現代とは比べようがない。しかし精神的に失っているものが多いのも事実だ。

泣き叫んで訴えたいことも言えず、数百万の方々が無念の死を遂げられた時代・想像を絶する世界を生き抜いた年配者達から出てくる言葉を今後も真摯に受けとめ、当たり前な生活に感謝する心を改めて肝に銘じ、一日も早いコロナの収束を、生徒達と共に切に願い合掌する毎日である。

一生継続してほしい自主課題学習

緊急事態宣言が出て以来、職員室へは頻繁に家庭から電話がかかってきた。オンライン授業、家庭訪問・HP・郵送での課題配布・回収、交代制個別学習などの要求、そして無気力になり日々ゲーム漬けで親が困惑している状況での相談が殆どである。

教科書等での徹底予習や問題集の反復演習（復習）以外に、自由研究的な家庭学習課題は探せばいくらでもある。「読解力低下を克服するための豊富な読書（親の推奨）・新聞熟読」「身近な生活で活用されている数学的事象の発見」「日本人が5割の確率で罹患すると言われる将来のための癌予防対策」「高齢者社会に向けて若者が今後できることの探求」「日々ご先祖様を敬い親孝行を実践する心構え養成」「何時どこで遭遇するか分からない大震災への万全なる備え」「ネット動画配信をフルに活用した社会（地理・公民・歴史・倫理）・理科（物理・化学・生物・地学）に関する興味関心向上」「多種多様なスポーツの歴史、外国語に関する学習」「障害者スポーツを通しての人生の学び」「結核・破傷風・日本脳炎・コレラ・ペスト・ＭＥＲＳなど多くの感染症と闘った功労者への畏敬の念」「原爆・空襲・沖縄戦など様々な戦争に関する体験談から学ぶ尊き命」「体育・音楽・美術・技術家庭に関する創意・工夫を伴った自主学習」「冠婚葬祭、一生役立つ挨拶・返事・深謝謙虚の心とマナー」「集団討論力養成・様々な面接練習」「色々な政治・経済・社会問題への洞察力・発信力を高める新聞投稿」など、人生に必要な広い視野での学習課題は多い。

学力低下が心配だという声を多々聞いたが、長期的な学力向上を目指すべく高き学習能力にはまず質の高い我慢力、そして様々な事象への好奇心、幅広い人間的総合力・自治能力の基盤が必須である。受け身的に与えられた目先の課題をこなすことも大切だが、「家族・親子間の絆」を深める時間は人生上極めて重要である。親が普段から真摯・粛々と懸命に生きている姿を真剣に見て学ぶことが、子ども達にとっての「最高の教育」だという真実も、常に肝に銘じて頂きたい。

ちなみに本校の全国学力テストの結果が、全国平均（-5から）+5レベルになった。学年は例外なく、「挨拶、返事、感謝・親孝行の心を根底に据えた人間力教育」を徹底重視し、学年全教員で団結しつつ指導にあたっていた時であった。

教師生命を懸けて

33年前、勤務校は荒れていた。授業で作った金属製の本立てを、ある生徒が体育教師に向け4階窓から投げつけた。幸い頭には当たらず、その教師の目の前に激しい音を立てて落ちた。

大怪我に繋がる悪質な行為であり、教師は投げた生徒を厳重に指導した。その時思わず手が出たことに対し、当時の総番が腹を立て激しく興奮した。傘を振り回し狂った様に暴言・暴力を繰り返し、その連鎖で大勢が暴れ回り収拾がつかなくなった。即警察を呼ぶのが常識。しかし長期的には実質解決にならないと判断した体育教師は、荒れた事態を収めるため非行グループに頭を下げるという苦渋の選択を強いられた。それを見て彼らは大騒ぎをして喜び、やがて何事も無かったかの様に帰っていった。教師が謝るという場面を見た総番は調子に乗り、数日後には土足で煙草を吹かしながら体育館に侵入。どの教諭が繰り返し口で言っても指示に従わない非行グループを見て、周りの一般生徒の学校・教員への不信感はエスカレートしていた。体育教師は再び決断し、泣きながら彼を殴った。

20年後の同窓会、当時暴れた総番は体育教師のことを思い出し、しみじみと語った。

「あの先生は俺達のことを立て直そうと、逃げず諦めず、いつも本気でぶつかって来てくれたんだよなあ。」

全国津々浦々、多くの熱血教師が今日も本気で生徒と格闘しており、指導側の教育魂・真の人間力が問われ続けている。しかし反抗生徒に毅然と対処していく指導が100％否定され、教育界から永久に葬られた教師も少なからず存在したという現実を、世間の皆様には暫く心の片隅にしまっておいて頂きたいと願う。


（追記）

平成元年、八王子七中での出来事です。同窓会で語った元総番はK、当時の生活指導主任・体育教師は小池廣教諭（町田の忠生中事件があった頃その学校を立て直したベテラン）です。3年男子Aという生徒が金属を投げたことが判り、教諭は彼に指導。事が収まった後母親は「狙って投げたこの子が先生に叩かれることは当然です」と呟き、投げた本人は「何度もやられたけど全く平気」と謝罪しました。しかし教師が謝るという場面を見たKは調子に乗り、数日後には土足で煙草を吹かしながら体育館に侵入。教諭が繰り返し口で言っても指示に従わない生徒を見て、周りの一般生徒の学校・教員への不信感はエスカレートするばかり……小池教諭は再びKを張り倒しました。その時のことをKは、20年後に振り返り、「何が何でも学校を守り抜くんだ」「（Kを）更生させるんだ」という厳しい指導を揺るぎなく続けてくれたことに感謝したという話です。

体罰は絶対禁止であることには変わりありません。しかし本気でぶつかり合う教師と生徒。以前は上記の様なやり取りが日常茶飯事でした。

時代は変わりました。それでも声を嗄らし涙を流しながら生徒に訴える指導は今も昔も不変のものです。

間違ってもいいんだ!

15年前、伝説の音楽教師がいた。指導を受けた生徒達の殆どは最大限口を開け、いつの間にか歌う喜びを全身の感性で表現する様になる。教科は勿論、生活指導も日々体を張って取り組む姿勢に敬服していた。

ある秋の午後、合唱コンクール直前の3学年合唱練習時のことだ。荒れた学年で普段からエスケープ・破壊行為・放火・傷害など様々な事件が起こっていたが、音楽に対する情熱は凄まじかった。しかし、その日は一部の生徒が集中していなかった。突然、教師のピアノが乱れた。その瞬間を1人の男子が見逃さず、「間違ってやがんの」と笑いながら茶化し、場の空気を汚そうとした。そこで彼女は全員の方に向かい大声で叫んだ。

「間違ってもいいんだあ!」体育館の窓ガラスが震える程の大声、堂々とした気迫溢れる執念に生徒達はたじろいだ。その後、何事もなかったかの様に合唱は続いた。

あの一瞬の出来事・彼女の強烈な信念の中には、現代の教育界に欠けている最も大切な「人を育てる礎」が凝縮されていると、今も忘れず肝に銘じ続けている。

（追記）

音楽科プロ教師・三好佳代子先生についてです。戦後の日本人の多くは、老若男女問わず全国民総批判家と退化しつつあり、誰もが少しの過ちを総攻撃し、寂寥感漂う時代となってしまいました。命に関わる事件や犯罪は論外ですが、人間誰もが失敗をします。平和に慣れ切り、将来口だけ達者な無責任な日本人にならない様、音楽教師のあの叫び声を胸に秘め、今後も己に鞭打ち指導していきたいと考えています。

ちなみに三好教諭を、中学時代3年連続担任を受けもった恩師は、元日本中体連卓球部長、徳永紀夫先生。生活指導を筆頭に全ての教育の神髄を多くの教員達が学び、皆が最も尊敬しているプロ教師です。勤務していた中学校では、横田めぐみさんを救出するための署名活動を保護者会やＰＴＡの集まりなどで実施してくださり、いつどこでも周囲への愛情を降り注ぐ正義感あふれる恩人です。

「拉致問題等を通して人権を考える」

講演会資料

講演資料A

【拉致事件】

１９７７　横田めぐみさん拉致事件　新潟寄居中下校時水道町　「人生は一瞬で変わる」
家族３人でサボイ廃ホテルや海岸を捜索
３０００人規模　松本署長（山形で工作員を検挙）は拉致と判断していた
機動隊を出す指示（誘拐であれば犯人に分からないように配慮、拉致事件とは公表せず、後に横田さんご夫妻に謝罪　「実は拉致と分っていました」）
「無かった事に」嘘の連鎖（完全な証拠が無いと表面化不可である構図）

アメリカから守られている日本、そんな事が起こる訳が無いと言われ続け
親は同じところでも何回も行く（雪山・海・砂浜、歯のカルテ持ち何度も警察へ）　誘拐悪戯電話　宗教の誘い
朝鮮語を懸命に覚えたが叶わず入院２回　新潟で帰国の噂
（金賢姫の教官）田口八重子さんと共に日本の身元を隠して工作員（スッキ）教育に　自分を殺してでも生きていく決意…本音を語ればいかに不利益を被るか熟知していためぐみさん達

１９８０　阿部雅美氏が拉致事件として１月新聞報道（１９７８新潟・福井・鹿児島アベック３組）　しかしその後真相究明を求める気運が盛り上がらず、原さん、松木さん、石岡さん、有本さん達が事件に遭遇…
（韓国へ亡命した工作員の証言→国家安全企画部→警視庁→新潟県警）

１９８７　大韓航空機爆破事件（犯人の１人金賢姫；日本人が犯人とされる寸前で自白）

１９８８　梶山静六公安委員長が拉致事件濃厚と国会で公表

（１９９０～）水面下で保身的な闇の取引きなどが暴露　利権が絡む事件が起こってもいつの間にか風化され誰も何も言わなくなる風潮（繰り返し）

１９９７　国会で表面化、署名活動が新潟を起点に全国へ
「通り過ぎないでください！」「どうか家族の命を助けてください！」
罵声・疑惑、世間からは無視無関心の日々
講演依頼遠征も１０人程度　署名活動２時間で数名の時代も
杓子定規の対応と涙を流し共感してくれる人とのギャップの大きさ
新潟小学校で救出を求め大規模集会　帰りの新幹線が止まる　翌日大きく報道された内容は某スポーツ関連のニュース（人の命よりもワールドカップ出場報道を優先する人権軽視の哀しい現実　日本社会の冷酷営利・商業主義）
蓮池氏が異国の地で父親達の署名活動の記事発見（検閲を免れた日本の新聞）
日本の外務省など訪朝８回、助けにきてくれたと期待も…（謝罪報道に愕然）

１９９８　不信電波傍受・工作員確保、事件を報告した内容は隠蔽
聖蹟・立川・上野・浅草・大宮・水戸・川崎・板橋、原宿、高尾など
長時間訴えても立ち止まってくれない苦渋期間（唯一八王子では１７２０）

１９９９～　何度も「自分の家族の身になってお願いします」と繰り返す日々
シュプレヒコールに戸惑いの心　外務省アジア局長「たった１０人（拉致被害者）のことで日朝国交正常化を犠牲にして良いのか…」と発言
２０００　拉致スパイ工作員、韓国で逮捕も日本の警察は行かず（釈放され帰国し英雄に）家族会・救う会、訪米　米政府・議会関係者・国連機関・人権団体に拉致問題を世界に訴える
２００２　小泉首相訪朝（翌朝、生命安否確認作業していない事が安倍氏より報告）
「辛い目に遭った若者達の心の内を思いやってください。人はいずれみんな死んでいきます。濃厚な足跡を残したのではないかと…」
「生殺し状態の痛み・苦悩に耐えた日々」と語る早紀江さん
「命を軽視され、親が子を信じないで誰が信じる？　こんなにいとも簡単に人の運命を決めつけられ、今までの２５年間の苦労を一瞬で消し去られる訳にはいかない　こんな日を迎えるために今まで耐えてきたのではない
被害者だけではなくこの日本という国の大事な問題」

「人は言葉を尽くして話し合えば必ず理解し合える」という信念
「罪を憎んで人を憎まず」と粛々と語る清楚さと、過酷な試練と格闘している悲痛な宿命とのギャップの大きさ
２００３　家族会がジュネーブの国連人権委員会で陳述（デメロ高等弁務官）
日本回答書類は１枚（10行）外務者より至急追加要請
一族の周辺で家庭教師をしているという生存情報
患者台帳の表紙が「入退院」から「死亡」書き換えられた跡
２００４　偽遺骨問題（滋さんが怒った２回目）
２００５　（めぐみさん）住民基本台帳に名簿記載
２００６　ブッシュ大統領と面会（早紀江さん　拓也さん）
「人間の尊厳と自由について話せないほど忙しくはありません」
《２００３　２００８　２０１１　２０１５　（２０１７）（２０２０）横田さんご夫妻（蓮池氏　拓也氏）による人権講演会）》
２０１８～２０１９
立川七中生による様々なボランティア活動（内閣府）　加藤大臣・首相に救出依頼の手紙大量送付　めぐみさん拉致ＶＲ（仮想現実）アイディア発想助言　各紙新聞投稿１０００回以上（拉致問題１００件以上）

【ＭＥＭＯ】
・１９７７年　横田めぐみさん事件２ヶ月前の久米裕氏拉致事件（実行犯が石川県警に逮捕され自白、暗号指令を解読する乱数表を押収、しかし公にならず「本当に自分の意志に反して拉致されたか本人に確認できない」として犯人は不起訴・釈放に＿（その２ヶ月後に横田めぐみさん拉致事件　翌年に蓮池さん達が拉致）
・歴代の警察幹部はどの工作船だったか等含め証拠をもっていたが公表せず

・交通事故・家出・自殺説など（部活の代表選手に選ばれ）　誘拐悪戯脅迫事件
・１９４８年　国際連合　世界人権宣言
・１９６０年代から不審船出没　交信電波多発　工作員の潜入・脱出頻繁
・無言電話（日本語ではない小声）受話器の向こう側に娘の影を必死に探る悲痛な親心
　無線機のような音　アジア系の男性の声など
・不登校生徒のため、地域の高齢者のため、いつも人のために尽くしていためぐみさん
・流浪の民（合唱・なれし故郷を放たれて・Ｓソロ）

・ＳＦ小説が流行っていた１９７７年頃
・（友人）前日に後ろから車で追われ、思わず走って帰った　〇〇恐怖に震える　事件当日はいつもとは違う道を通り習い事へ　１５分違いで拉致事件　その他不審者情報（白い車から　手招き、Ｕターン）６：３０頃の轟音（海岸より）
　「生きることは絶望の中から（希望）を見つけること」

　「色々な人に良い顔をし過ぎて 人は何が真実か分からなくなってくる（横溝先生）」
・全て無かったことにされていたかも　この世の真実はどれだけ....
・自分が被害者家族であったら？誰の身に起きた事か分からぬ事件　海に溺れている状態
・日本へ手紙をと脱北者に預けたが密告があり...（悲しい運命）
・日本人化教育の教官を確保するため　テロ事件関与につながる証言をさせないため
・祖父母には涙を流し会いたい　母のことは心ぶれずに淡々と話す娘（ヘギョン）
・蓮池さん拉致事件（２４年間）
・死亡説９３→９４に変更（蓮池氏目撃）９５・９７以降も目撃情報
　届いた娘の写真に怒り（人権侵害という世界中の人々に関わりがある普遍的な問題）
・護国神社の集会　安氏の新潟講演会　内閣府など集会　アピール文朗読
・芝田実教諭・津田孝教諭（社会科）による絶大なる協力
・他国（西ドイツから東ドイツ、警察・役所はすぐ動き救出　レバノン人女性解放）
・米支援計１１７万ｔ（大型トラック１１７０００台分　約３０００億円）
　　米支援→幹部→軍備（ミサイルの矛先は日本等）（第三国へ転売ｏｒ家畜の餌に）
「隣国にいるらしい」帰国して精神病院にいるという噂を遡り７人目（新潟の繁華街）
「多くの被害者を救ってください　飢餓に苦しむあの国の民衆を助けてください（母）」

【署名活動】

　「証拠あるのか、まだやっていたのか、こんな下らないことやってどうなる」

　　無関心の連続　〇時間で１人... からのスタート　　　　不信感・暴言の嵐
（蓮池氏）骨壷は事務所に保管（めぐみさんの元夫）→「事務所は何回も行ったが見ても聞いてもない、その他入院先も食い違い」「希望は無い　絶望しかない　生きていれば何かが起こると期待するしかない」

（祐木子さん）「目隠しのすき間から柏崎の灯が見えた　きっと殺されると思った」

（増元氏）「日本は何をやってたんだあ！　通り過ぎないでください！　お願いだから書いてください」国民を守る　命を守るという責任

（滋さん）あれだけやって結果が出ない、こんなに頑張っていてもなぜ帰ってこれない？
　世田谷時代から…
（拓也さん）チューリップのような存在が消えて　声を押し殺して風呂で一人泣く父の後
ろ姿が…「鳥になって飛び　魚になって泳いでいきたい」
１人の中学生として　これから創る未来を信じ切り　待つことが礼儀（中１）
知らなかった、同じ国民・人間として恥を知った（中２）
運命は最も相応しい場所へとあなたの魂を運ぶ（中１劇作家）
（早紀江さんの言葉）
「国家犯罪、このまま時が流れるのを待ってる？　絶対解決しなければならないこと」
中学校時代、朝鮮人の子を家に呼び あかぎれと霜焼けの手に優しく軟膏をつける父
「私達は本当に心の底から生存を信じているんですよ」（川崎にて）
「私達は孤独なんです、待ってるしかないんです」　アベック３組の拉致事件、再調査打
診するも中学生１３歳、違うのではないかと言われ
「どうかめぐみのものではありませんように」警察から呼ばれるたびに恐怖
「嘘をつくという罪を犯してそれを証明するものがあるのだから置いておくべき（遺骨）」
「日本のために　日本に役立つように育てた娘が…」
「人生の１つの流れ　人の中での問題　色々な人がいて何でも思ったようにはならない
どうして　どうやって生きていかねばならない？」
「誰でもいつ罪を犯すか分からない　心の中・自分をしっかり見つめて」
「苦しみに出会ったことは、私にとって幸せでした」
畳を掻きむしり泣く日々　聖書と出会う母
「心を１つにして　自分のこととして　日本人の一人として悪と善をしっかり見極めて
進むしかない」「命は同じです　見えるところにあっても　見えないところにあっても」
「救いを求めている大切な命が　今もわめいて　叫んで　助けを求めているのです」
「神様から与えられた命　色々苦しいことがあるけど　めげないで天を見て頑張ろうね
（日本にいる時に母がめぐみさんに伝えた言葉）」
救出のため座り込み（米支援　税金）　こんなことやっていても被害者は帰ってこない
と言われた悔しさ（２０２０年秋、食欲無し、夜９時に何とか食べる毎日）
★「家族一緒に暮らしたい」　→　「一目でも良いから会いたい（８０歳を過ぎ変化）」
あくまでもごく普通の家族が突然大事件に遭遇し、娘の当たり前な「人権」を取り戻すためだけに、人生を懸けて日本・世界に訴えてきた。そして誰よりも多く世の中の理不尽・不条理、正義が通りにくい倫理観の崩れを見る日々…　それでも常に笑顔を絶やさず謙虚で信頼される人柄で国民から慕われ続けてきた横田さんご家族

★「小泉総理の訪問により、一連の拉致事件に関し、初めて真相の一部が報道され、驚きと悲しみと共に無念さを覚えます。何故、私たち皆が自分たちの共同社会の出来事として、この人々の不在をもっと意識し続けることができなかったのかとの思いを消すことができません。今回の帰国者と家族との再会の喜びを思うにつけ、今回帰ることのできなかった人々の家族の気持ちは察するにあまりあり、その一入の淋しさを思います。（皇后陛下）」

【1】命の尊厳

・不治の病（余命僅か）を隠し通学し続けた大畠君（富士森高校１８歳　東大病院での格闘）
・急性白血病２週間後にこの世を去った当銀君（寄居中３年）
・数千のご遺体が並んだ宮城県利府町全国卓球大会会場（２０１１）
・津波に流されバス内で手を握り合い発見された園児　人生最後の「一叫・一願・一声・一息・一願・一想・一祈・一謝・一会・一愛・一念・一歩・一奏・一曲・一音・・・」
・戦争　大震災　津波　余命宣告　飢餓　事故　災難（一瞬で変わる人生）
・広島原爆　長崎原爆　　沖縄戦（家族同士の自決　最期に水が飲みたいと懇願した妹）
・東京大空襲（s20 3/10）１０万人の犠牲者（子を守るため爪が剥がれていた母）
・苦悩　屈辱　悔恨　過去　涙　失敗　悲しい運命…　目に見えない先人達の壮絶な思いを抱え背負い　毎日合掌し深謝し続け生きていく　今生きている人間としての責任

【2】様々な人生・出会い

・刑務所生活１０年を経て今は司法試験に挑戦する４８歳卒業生(在学中担任襲撃・殺意)
・強い信念、金メダリストアスリート　古賀稔彦
・金髪生徒達との大乱闘事件（福生）
・屋上で煙草を吸っていた１年女子への渇（羽村・徳永先生）
・スクールウオーズ時代（教室で焚き火・抗争傷害事件等（八王子・小池先生）
・涙叫心臓マッサージ、伝説の福田一平先生
・三好佳代子先生（音楽科）の教育信念「まちがってもいいんだあ！」
・九州、部活と学力の相関関係・成果　（渡辺・浜中）
・校内意見発表会終了後の集団リンチ
・赤城少年院での胴上げ卒業式

【3】幸福

★地域社会の崩壊→　不安増大→　物質的安楽の探求→　他人に批判的（敵意）→
　皆同質化の経済主義・非個性化→　鬱病クレーマー増加　→　幸福度低下→・・・
・長年トイレ清掃業７０歳の年輩ご老人が呟いた一言「先生　人生って楽しいよね」
・ＮＨＫのど自慢大会、予選４８回挑戦した８４歳の最期
・負けに負けない　挫折に負けない　失敗の連続こそが人間の存在証明
・千葉周作（松明の火）　　携帯を捨てる意味　　登り坂と下り坂の景色
・情けは人の為ならず　　天に吐いた唾の結末は
・卓球全国大会（１９９５）感謝力
・幸せを求めて生きるのか、既に幸福からのスタートなのか　気付くもの？掴むもの？与えられるもの？　常に今こそが幸せ　ここからがスタート
・７０億通りの幸せ　それぞれ自分にしかないもの　遠くに求めなくてもいつもすぐ目の前にあり離さず大切にできるもの
・三毒【貪（むさぼり）；際限なく欲すること　　瞋（いかり）；怒り・妬み・恨み

痴（おろかさ）；無知、自己利益・弁護】
・私は幸せです、理由は①・・・・・⑩・・・　今の当たり前こそが幸せ
・中村久子さん　松原典子さん　星野富弘さんの人生
・あらゆる望みが全て叶い　したいことが全て終わったら幸せか？
・不幸→幸福→不幸→幸福　　求めすぎれば新たな不安
・他人に尽くさない限りいつまでも本当の幸福は…（敗れる→助ける）人生の波、悲喜が無いと…自分たちの人生、いくら苦しくても後から思い出したらどんなに美しく素晴らしく戻りたく思うか（自分だけの幸せを追い求める人生と他人が喜ぶ事を信念と人生）
・剣道１０段審査（審査員１５人中 〇〇 １人だけが不可の判定で不合格）
・三鷹、足立、黒磯、山形、忠生、光市（殺人犯の人権・死刑制度）
・モンテンルパ収容所１０８人の日本人、キリノ大統領の決断
・とうもろこし３個（北）・砂糖黍（沖縄）と命の犠牲
・特攻隊遺書「　　　　　　　　　　　　　　　　」
・カンボジア孤児院「ささやかでも食糧・家・衣服がある　これ以上何を望んだら…？」
・街頭募金活動、毎年１００万以上（累計２０００万近く）の意義
・少年院（愛光）から届いた手紙　唾を吐かれても顔を洗って募金活動を再開する勇者達
１　＋２　＋３　－４　＋５　＝　　の計算が出来ない現象（人と人の間の問題）
・苦しくても実は今こそ夢のような生活、常に毎日がベストと信じて生き生かされる
・いつも誰かが（天は）必ず見ている　心の笑顔で大丈夫と本気で言ってあげる優しさ
・ごく小さな幸せを見つけられる心の広さ
・大物になりなさい　　泰然自若（常に冷静に）
・（その瞬間）「人生に答えは無い」「強く前向きに立ち直れる人はすぐに答えを出さない」
「もうダメたと思う事は今までの恩を全て捨てる事」「挫折してもいつか答は変えられる」
・人を幸せにするために 悔いなくたった一度の人生を輝かせるために生まれてきたはず
「人に喜ばれ信頼され　又はいつか花を咲かせる１３・１４・１５年間を送ってきたか」
・学校に何を残す？　陰口ではなく「陰褒め」の雰囲気
「あなたが過ごした無駄な今日は　昨日亡くなった誰かにとっての　心の底から願い祈り壮絶に生きたかった　奇跡的な明日である」
・壮絶な願い（命）を失った人々のために「今　今日」どう生きていく？　いつかやれる保障はある？人生にいつか…は禁句　今すぐやる行動するのみ（ＤＯ　ｉｔ　ｎｏｗ！）
・夢を叶える事は人生の１つの手段　過程でどれ程の感・和・涙・苦・喜・成長があったか
・当たり前で平凡だが 実は夢のような今の幸せに気付いていない事こそが最大の不幸

【４】命・生きる

この世に「人間」として生まれた確率（宇宙レベル）

１５０００÷２４÷６０＝

１５００００÷２４÷６０÷６０＝　（１日１５万人　１秒に１人以上がこの世を…）

2^{10}（約１０００人）　　2^{20}（約１００万人；２０代前統計上のご先祖様１人で

も命の連鎖が無かったら自分も子孫も不在である現実）
・地球４６億年の歴史を１年とすると　人間の一生は１秒
・命の起源４０億年；１年に短縮　　→　　人間史実５０００年；３０秒
・人間１人血管を繋ぐと地球７周半（顕微鏡レベル）　ドラム缶４０本（1日８０００㍑）
★生まれてから今まで１５年、誰のお世話に…　将来人をいじめよう、煙草を吸おう、自傷行為をしよう、グレようと思いこの世に誕生した子はいない
オムツ・夜泣き・首・笑う・寝返り・ほ乳瓶・ゲップ・高熱・ハイハイ・つかまり立ち・転ぶ・歩く・話す・・・
・世界の代表荻村氏、卓球にとって最も大切なものは（　　）
・空手（くうしゅ）にしてこの世に生まれ空手にしてこの世を去る
・光は無いが（望み）はある　　人生・社会人のレギュラー
★「　　　　でお世話になったからこそ こんな立派な大人になりました！」
・君の命は君だけのものだけではない　ご先祖様・ご親族・周囲の先生方・今まで出会いお世話になった全ての方々のもの
・心から信じ切る　こんな所で負ける・挫折するために今まで生きてきたわけではない
・復讐・憎悪とは自分の人生を０（無）にすること
・辛い？もっと辛い時が来る、楽しい時も来る、何でも終わりが来る
・現在あの世にいたら今の自分に何と言う？　何を悔いる？
・余命１ヶ月だったら何をする？親孝行、お礼を言う、手紙を書く
・成功・失敗関係無く　人生すぐ目の前の答えを出すな 求めるな いつか答えは変わる
・人生の主人公は自分　他人に認めてもらうより重要なこと
・魂を向上させる　辛い経験のお陰で成長できる
・納得できない理不尽さを乗り越えることが人生最大のテーマ
・地球は人間が必要だったか
・自分の夢実現・名誉より、心から信頼できる家族・仲間がいなければ
・自分の栄光や喜び、周囲の笑顔、どちらが大切か

【５】人権

・渡辺道代社長による講演会（刑を終え出所した人を雇用　全国の死刑囚へ様々な贈り物を送付　刑務所での講演・面接活動など）
・高齢者施設・障害者施設への積極的訪問（職場体験）　ハンセン病資料館訪問
・犯罪被害者家族・不治の病と闘う方による講演会　いじめ撲滅徹底生活指導など
・卑怯ないじめ；人として大切な全てを失うこと（信実・誇り・人権）
・「拉致」という望遠鏡で異国の地を見ると日本の（無関心層）が見える
・いじめという望遠鏡で加害者を見ると（コンプレックス・劣等感）　歪んだ心という望遠鏡で嫌いな相手を見ると（自分の弱さ）　加害者が被害者を見ると（地獄に堕ちている自分）が覗ける
・どんな事があっても　この先ずっと 仲間の誇り人権を信じ味方でいてやれるか
・人権；生きる権利と同時に　先人を思い偲び　真摯に大切に日々生きる義務

・親・ご先祖様に感謝　目に見えない１０００以上に感謝（・・・有難う）
・人権尊重；色々な考えを認めることから
・自分が正義、絶対と思い込む　→　果てしない苦しみ・悩み
★第２次世界大戦で数千万人の命が奪われ　家族を失い　拷問・餓死・処刑・戦死など様々な犠牲を悼み「世界人権宣言」
★当たり前の小さな幸せを掴めず無念にもこの世を去った方々の人生を偲ぶ.....戦争・原爆・特攻隊・大震災・不慮の事故・不治の病・過酷な運命、飢餓などで最低限の人権を失った先人達の壮絶な思いを胸に刻んで生きていく。
★不平不満クレームを零す時間に溢れ 平和過ぎる者達の心眼では感じ取りにくい「(人類史）約１０００億人の命、１０００兆の命の犠牲のお陰で 今の自分が奇跡的に存在することへの深謝」を忘れない
★どんなに苦しんでも辛くても命・人権が今あるのは色々な方々のお陰　　網の目をくぐり抜けここまでたどり着けている　「見えない所で誰かが　数え切れない方々が助けてくれた」その積み重ね　　人を恨んだり憎んだりせず粛々と生きる尊さ
★当たり前の人権を当たり前にしてくれたのは　これらの人権が無いために苦しみ抜いてきた数え切れない先人の方々の願いや命懸けの血・汗・涙・努力・苦闘のお陰様

ｘ軸；他人からの評価（他人軸）　　　　ｙ軸；自己評価（自分軸）
ｘ軸；苦労した時間・内容（努力軸）　　ｙ軸；出た結果（成果軸）
ｘ軸；他人の人権を尊重（他敬軸）　　　ｙ軸；自分の人権を守る（自敬軸）
（人の幸せを喜び祈願）　　　　　　　　（自己実現・権利主張）

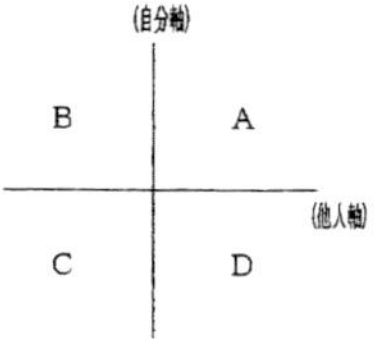

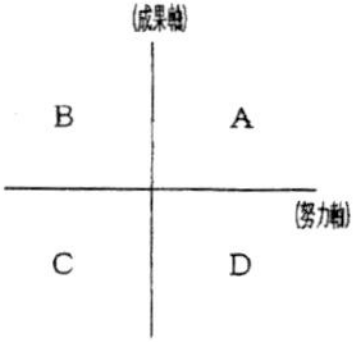

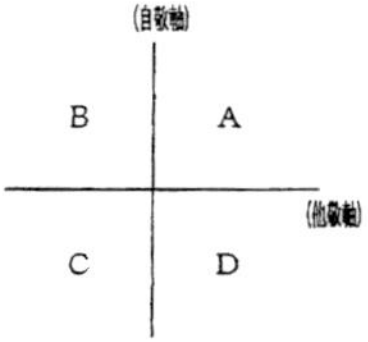

あとがき

仕事始めの2020年4月1日朝、職場で「父が危篤」という知らせを受けた。数日前に車椅子を押し一緒に花見をした時の表情を思い出しながら、何とか間に合ってくれと祈りつつ病院に急行した。懸命に走った。間に合わなかった。急性心不全と聞いた。

脳梗塞で数年間病院暮らしだったが、朝6時にはいつも通り起き、髭を剃ってもらい、そして6：30～7：30の間に心臓がいつの間にか止まっていた様ですと担当医師から聞いた。再度起きるまで心臓マッサージを延々と続けたい気持ちを抑え、涙を呑んだ。お世話になった病院側に感謝を伝え、医長・看護師の方々とお別れの挨拶をした。その後、予兆があったとは何も知らず、前日から傍にいてやれなかった自分を恥じた。別れは突然やってくると普段から頭では分かっていたが、親不孝な自分をずっと責め続けた。

父は日本銀行本店以外、神戸・福岡・広島・名古屋など全国の支店を転々と回ったが、新潟時代が最も辛かった様だった。めぐみさんが拉致された現場近くの水道町家族寮に住んでいた45年前の頃である。40度の熱があっても休日出勤は当たり前、滋さんと共に激務に耐え抜いていた。本店勤務時代には、医務室の隣のベッドに寝ていた同僚が、亡くなった話も生前聞いていた。

今も昔も、医療従事者は勿論、どの職種の方々も必死に今日を生きている。コロナで世界中が慌ただしい時世だが、癌、心疾患、脳血管疾患、他肺炎などの病気、老衰、様々な事故などでも、我が国では毎日合計約３０００人平均で亡くなっている。人生の最期を遂げる無名の方が、日本・世界中に大勢いるという当たり前なる真実・現実が常に日々存在する。

佐賀商業高校を首席で卒業し、経済的理由で大学へは行けず日銀へ。有名大学出身である年下の上司からは散々な目に遭い、本人は鬱になりながらも何とか42年間勤め通し、退職した後は拉致問題解決のために署名活動にも精を尽くし、日々積極的に奔走・協力していた。日の当たらない陰で生き続けてきた生涯無名な父も、今は滋さんと天国で再会し、めぐみさんの帰国を毎日強く願ってくれていると確信している。

私は、２０２１年秋以降、４回失神。３回目の救急搬送中、横田さんから携帯に着信履歴。心停止を繰り返しＩＣＵでの処置中、駆けつけた家内が折り返し電話報告。

体調が心配になり緊急事態（心停止状態）中に早紀江さんが電話をして下さった件を、容体が安定してから耳にし、驚きと感謝。2回目の心臓手術でS―ICD、ペースメーカーを植えこみ一応復活。めぐみさんが帰国するまで命を失うわけにいかない。

殆どの若者達がスマホを持ち、教育現場にも一人一台のタブレット。教育におけるデジタル化の長所は素晴らしい反面、子どもたちの裏世界の退化現象、命を軽視する言動、深刻な誹謗中傷の蔓延化は凄まじい。憎まれ役、嫌われ役に徹する責任と誇りを保持した20年以上に及ぶ生活指導主任時代。基本的に課題生徒達は正面から生でぶつかってきたが、最近はネット中毒に陥っている者達の裏社会がつかみにくい。

社会的弱者の心情を想像・共感したり、拉致被害者の方々が生存していることを心から信じる人間力も相当気合入れて育てないと、難しい時代となった。ネットではなく教師が体を張り生の人間性を武器に最後まで責任を持ち、多少はぶつかっても本気でやり切るしかない。拉致問題の解決なくして真の人権教育の全うはない。

内閣拉致問題対策本部、日本・関東・東京都中体連、報道関連（テレビ・新聞・書籍）の皆様方をはじめ、長年教育現場で温かく御支援頂いた多くの先生方、教育問題はもちろん、拉致問題解決のためにも先陣を切って協力して頂いた渡辺道代様や荒木和博様、高橋正光様、稲川和男様、古屋フミ子様や教育行政の皆様方、署名活動等でご支援頂いた皆様方、闘病中に訪問・手紙・電話等で、人情味溢れる労いとお見舞いの言葉を授けて下さった保護者や卒業生達、そして横田早紀江様・文芸社の皆様には長期間大変お世話になりました。この場をお借りし、心より深謝申し上げます。

そして最後まで読んでくださった読者の皆様、有難うございました。

必ず実現させる帰国の日まで、どうか温かいご支援の程よろしくお願い致します。

横田めぐみさんが今日も届けている「命のメッセージ」を生徒達と共に心で受けとめ、滋様、早紀江様、拓也様、哲也様、ご親族皆様、関係者全員による凄絶なご努力、45年という長年の諸活動に最大の敬意・感謝の意を表し、ここに筆を擱きます。

皆様の幸福・笑顔・健康が末長く続くことを祈念して……

著者プロフィール

佐藤 佐知典（さとう さちのり）

昭和34年11月28日、渋谷日赤病院にて4000gで誕生。大井町から荻窪へ。観泉寺幼稚園では悪ガキ、中大杉並高校前の公園で悪友と遊んだ帰りダンプカーに轢かれる直前命拾い。悪事を働くとツケが回ってくると多少悟るも、三谷小学校時代の日曜参観では数人の親から声をかけられ、常に問題児。小2春に坂道の街神戸へ転校、野球が命の次に大切な日々、時折六甲山探検や須磨で釣り、山ノ手の中学受験組（灘中等）と下町筋者の子が混在する上筒井小学校で教育現場の原点を幼心に模索する。

筒井台中に野球部がなく仲間と卓球部へ。中1秋に新潟へ、丸刈り強制だった神戸時代とは又異質な荒れが絶えない寄居中学校。優しく癒してくれた友人当銀直希君が白血病で急逝。人生の理不尽さを痛感。新潟高校時代、横田めぐみさんが北朝鮮スパイ工作員に拉致。後から思えば日本海沿いの林に不審な人物がよく出没し、暗号らしき不審語が深夜ラジオ（短波）で突然受信されていた。

早稲田に落ち東京理大へ。部活三昧＆様々な喫茶店、パブ、寿司・弁当・鯛焼き屋、廃品回収、受験教材販売、港工場、模試監督、トラック酒類運搬、家庭教師等バイト漬け。もっとも稼いだのは運送会社、地方暴力団事務所での引っ越し業務は身も心も凍り付いた。その他、社会の底辺と言われる仕事の経験は実に貴重であった。

大森二中、明正高（定）、鶴川高、洗足学園高、聖徳学園、中大杉並高等4年程講師を経験。世田谷学園高では（世界制覇）古賀稔彦君の闘い方に感化、富士森高では末期がんを隠し通学し切った大畠充君に、命＝時、1日は100万ドル以上の価値がある真実を学ぶ。

日野四中後の八王子七中時代は、デッキブラシとシンナー缶を持ち奔走。校舎内は勿論、歩道橋・通学路・様々な壁・公園・トイレの落書きを消す毎日。何のために教員になったか自問する2年間だった。学区に出没する薬物売人車との闘い、交番を襲撃したり打倒八警と落書きする輩達との乱闘、繰り返される学校間抗争や教員・他中学生間の喧嘩、暴走族やクレーマーに疲弊する日々、荒れた1日が終わった深夜に職員室のストーブを囲んで夜食を頬張りながら生活指導の反省会、機械警備のために頻繁に泊まる。確かに疲れるが、常に激しい本音同士のぶつかり合いがあり、ストレスがたまる現代とは異なる激しい指導後の爽やかさ、いつかは通じるはずだという希望があった。迷惑をかけた学生ほど年を追う毎に懐いてくるのが後半判明してくる。

立川七中では、床に座り込んでいる男子を立たせる、寝てる生徒を起こす、毎回全校集会が騒がしく怒鳴る、ルーズソックス・刃物・自転車等を大量に預かる、喫煙・暴力事件を処置する、茶髪を校内で連日黒染めする、異装指導で毎日長時間費やす、全員が泣くまで徹底したいじめ指導、厳し過ぎると抗議する数十人の親との闘い等、目の前にある現実問題を地道に全教員で対処する日の繰り返し。

2000年以降、川越にある埼玉教育塾へ時々出向く。諏訪哲二氏、河上亮一氏、喜入克氏、御三方から教育の真髄を学ばせて頂く。

関東地区から7校行ける全国大会（卓球）、1995年の実現以降何度チャンスを逃したことか。悪戦苦闘した30歳頃の心意気を決して忘れずここまで来た。今後は一層進化し、20代の若気を貫き通し、元教師大叔母の107歳を目標に、校内外何事にも挑戦・邁進する日々を送る予定。当たり前だが人生は1度きり。何度言っても敵視を感謝に変えられない親子もいたが素晴らしい先生方、生徒・保護者に大変恵まれ何度も助けられた。
※この書籍の印税相当分は、全額拉致問題解決及び拉致被害者救済活動のために捧げられます。

横田めぐみさんから届いた「命の手紙」

2022年11月15日　初版第1刷発行
2023年2月10日　初版第2刷発行

著　者　佐藤 佐知典
発行者　瓜谷 綱延
発行所　株式会社文芸社
〒160-0022　東京都新宿区新宿1－10－1
電話　03-5369-3060（代表）
03-5369-2299（販売）

印　刷　株式会社文芸社
製本所　株式会社MOTOMURA

ISBN978-4-286-23161-7